游资炒作热点的内在逻辑与方向

屠龙刀◎编著

中国宇航出版社
·北京·

图书在版编目（CIP）数据

游资炒作热点的内在逻辑与方向 / 屠龙刀编著. -- 北京 : 中国宇航出版社, 2023.2 (2025.1重印)
ISBN 978-7-5159-2182-2

Ⅰ. ①游… Ⅱ. ①屠… Ⅲ. ①股票投资一基本知识 Ⅳ. ①F830.91

中国版本图书馆CIP数据核字(2022)第255085号

策划编辑　卢　珊　　　**封面设计**　王晓武
责任编辑　卢　珊　　　**责任校对**　吴媛媛

出　版
发　行　中国宇航出版社
社　址　北京市阜成路8号　　邮　编　100830
（010）68768548
网　址　www.caphbook.com
经　销　新华书店
发行部　（010）68767386　　（010）68371900
（010）68767382　　（010）88100613（传真）
零售店　读者服务部
（010）68371105
承　印　三河市君旺印务有限公司
版　次　2023年2月第1版　　2025年1月第7次印刷
规　格　710×1000　　开　本　1/16
印　张　13.75　　字　数　182千字
书　号　ISBN 978-7-5159-2182-2
定　价　49.00元

本书如有印装质量问题，可与发行部联系调换

PREFACE 前言

无论是牛市还是熊市，市场上永远都不缺少短线暴涨的牛股，在熊市期间，甚至暴涨的牛股更多。正因如此，短线追涨成为很多投资者首选的交易策略。不过，市场上的股票有数千只之多，而且还在持续增加，每天能够涨停或者短线暴涨的总是少数。到底是什么力量驱动股价短线暴涨呢？

很多人想到了游资。不可否认，在目前的市场上，绝大多数股票的涨停是由短线热钱即游资推动的。但这些游资不会无缘无故地拉升某只股票或某类股票，这些股票短线暴涨的背后，必然有其深层的起涨逻辑。复盘这些涨停个股可以发现，几乎每只短线暴涨的股票都有特定的概念与题材，这些概念与题材正是股价短线暴涨的内在原因。游资也是循着这些概念与题材展开炒作的。

本书从游资炒作这些题材的路径和方法入手，重点归纳和整理了市场上经常炒作的各类题材。

这些概念与题材大致可以分为国际局势、国家政策与规划、上市公司、以大企业为核心的产业链、新能源产业链、新能源汽车产业链、其他科技行业概念以及其他类别的热点概念等。

总体上来看，涨停股票以科技相关的热点概念居多，其实，这也符合整个市场的炒作情况。毕竟科技类股票能够给人以巨大的想象空间，同时，很多科技类股票的盘子比较小，容易成为短线游资的攻击对象。从另一个角度来看，尽管传统制造业、金融行业也有一些炒作的概念或由头，但毕竟盘子太大（动辄几千亿元，甚至上万亿元），短线游资是不会炒作这些股票的，主要也是没有实力去炒作。这些游资尽管资金实力很强，但相比传统制造业和金融行业企业，他们的资金还是有限的。少则几亿元，多则几十亿元的资金水平，很难撬动那些大的权重股。除非一波大行情启动，否则这些大盘权重股很少出现短线暴涨行情。

本书希望通过梳理市场上可供炒作的概念，以帮助投资者做到“心中有数”。通常来说，一波大的行情启动，往往会沿着一定的路径扩散（多条产业链）。市场上的游资也会通过树立一到两只超级大牛股来激发散户的热情和关注的焦点，再逐渐寻找与之相关的概念，逐渐发酵。一般来讲，大牛股持续走牛的时间越长（特别是连续涨停的交易日越多），短线行情持续的时间也越长。当然，有时候因市场环境或监管的限制，原有的大牛股无力承担旗手的责任，市场行情若没有终结，还会出现第二个大龙头（旗手）。总之，这是行情还将持续的一个信号，也是散户可以继续围绕这一概念操作的基础。

市场上有这样一句话，即“龙头不倒，行情不灭”。只要某一概念内的大龙头还保持强势，行情就没有终结，即使手中持有这个概念的股票没有走强，大家也不用担心，上涨迟早会轮到自己手中的股票的。反之，若大龙头都没有后劲了，那就是该切换投资方向的时候了。

可以这样说，短线追涨就是追热点，追题材。谁能掌握市场上的主要炒作概念与题材，谁就把握住了市场跳动的脉搏。

CONTENTS 目 录

第二章 国际风云变幻

第三章 国家政策与规划

第九章 其他热门炒作概念

第一章

市场热点是如何炒作的

没有炒作，就没有多少交易，就没有股票市场。自股市出现以来，炒作就伴随始终。在A股市场上，参与市场热点题材炒作的资金，主要是以游资为代表的短线资金。

第一节　板块热点与情绪炒作

资金肯定不会无缘无故地炒作某只或某类股票，其背后必然有值得炒作的原因。资金炒作有时持续的时间很长，达到十几个交易日，甚至几个月；有时持续的时间很短，只有一两个交易日，甚至几个小时，这背后都是有其内在原因的。

一、热点概念与板块

市场上的股票很多，资金却是有限的。某一类股票在某一时段能够获得资金关注，尤其是短线资金的关注，就可以称之为市场上的热点股票。这些热点股票可能因为某些关联而被划分为若干主题、题材或概念。当然，主题与题材是有区别的。

1. 主题

主题通常是指能够连续炒作很长时间的一个热点概念，有时是一类题材的组合，比如碳中和、新能源等。2021年下半年到2022年年初的基建题材，就是一个典型的主题事件。一般来说，主题可能会涵盖诸多热点题材或概念，在一个主题炒作演绎过程中，内部的各个题材可能会出现轮番炒作的情况。在基建主题炒作过程中，各类基建工程概念、房地产概念、物业概念、装饰材料概念都获得了轮番炒作的机会。从本质上来看，这都是基建主题演绎出来的。

2. 题材

题材是指某些相关个股共同具备的可供炒作的概念。通常来说，题材是短线炒作资金重点关注的方向，其炒作时间比较短，从一两个交易日到十几个交易日不等。当然，这些题材若符合炒作主题或者从属于某一主题，则可能会被反复炒作。

比如，以地域为划分标准的海南板块、雄安新区板块等，在相关地域规划方案出台后，都掀起一波炒作浪潮。比如，2017年的雄安新区概念、2020年的海南自贸区概念等，都出现了一波较大的炒作浪潮。

自2022年4月底开始，随着俄乌冲突的升级，能源危机日益凸显。代替传统能源的新能源汽车成为市场上热炒的主题，新能源汽车指数连续上攻，如图1-1所示。

图1-1　新能源汽车指数日K线走势图

从图中可以看出，自2022年4月27日新能源汽车指数触底反弹后，立即掀起了一波上涨行情。该指数在不到两个月的时间里，涨幅就超过了40%。

当然，在市场上，新能源汽车属于该时段整个市场的炒作主题、炒作主线，在这一主线下面还包括了若干概念或题材，如新能源整车、汽车零部件等。比如，在汽车整车领域，就诞生了中通客车这样的超级牛股，如图1-2所示。

新能源汽车题材热炒后，5月13日，中通客车的股价收出第一个涨停板。其后，该股股价连续上攻，一连拉出13个涨停板，一时间成为市场上风光无二的绝对大龙头。

其实，从本质上来说，中通客车就是整个新能源汽车题材下属的新能源整车概念股。新能源整车概念属于市场热炒的短线题材之一，而新能源汽车是当时整个股票市场上炒作的主题和主线。

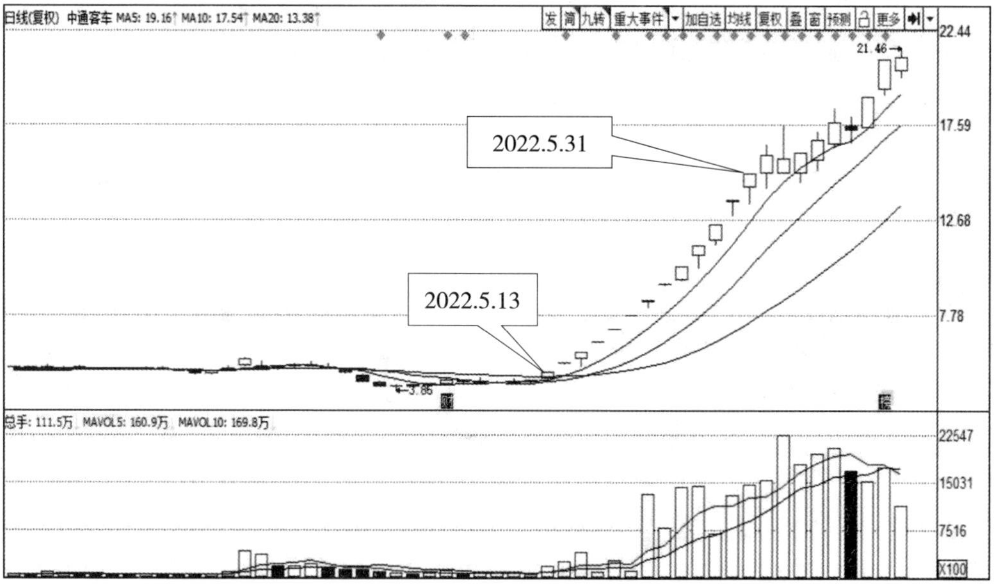

图1-2　中通客车（000957）日K线走势图

二、概念轮动的基本过程

本书更多的篇幅是围绕寻找炒作题材展开的。不过，题材从出现、酝酿到引发热炒，同样需要一个过程。一个完整的概念轮动需要经过这样几个过程，如图1–3所示。

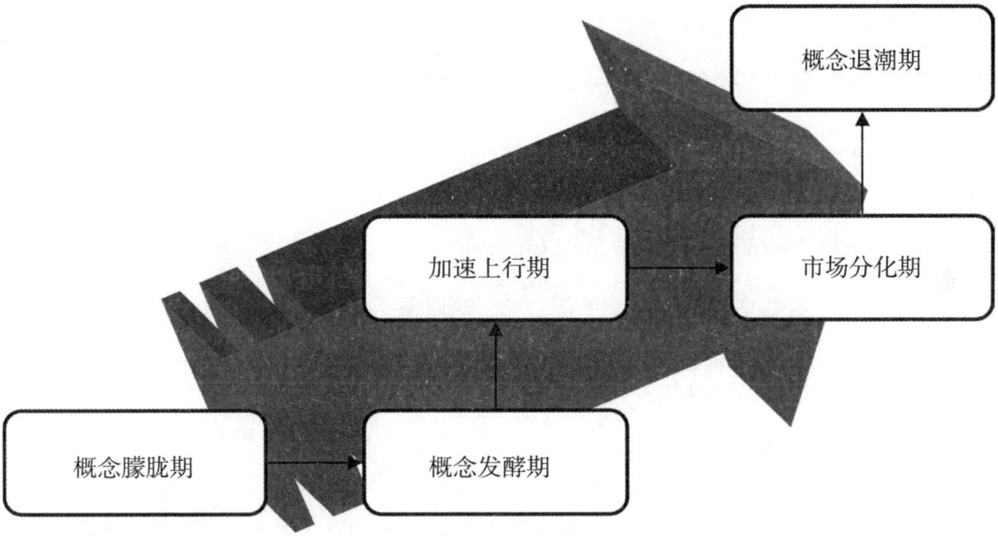

图1–3　概念轮动的5个阶段

1. 概念朦胧期

某个概念开始出现，市场上也就只有一两只该概念的核心股票出现大幅上攻，整个概念的其他股票即使有涨幅也会很小，此时很多散户对该概念还不甚理解。其实，这时往往是主力开始加大力度建仓的时期。

2. 概念发酵期

在该阶段，先前率先启动的股票已经连续上攻，整个市场对该概念开始警觉，相关板块和个股逐步启动，很多未来的龙头可能在这个时候现身，投资者应该寻找那些量价配合较佳的投资标的。很多先期启动的股票也会在这一阶段大幅振荡，成交量异常放大的股票，投资者一般不宜介入。

3. 加速上行期

从本质上来说，该阶段往往是股价上升速度最快、上涨幅度最大的一个阶段，很多板块龙头股的股价翻番都是在此阶段完成的。该阶段，与炒作概念相关的板块都出现了较大幅度的上攻，市场赚钱效应凸显，很多散户开始买入相关概念板块股票。此阶段，股价上涨幅度最大，通常也是最安全的。

4. 市场分化期

过了概念普涨阶段后，市场开始出现分化，很多与概念相关板块的股票开始回落，而龙头股一般还能坚挺，甚至调整后出现新的上攻行情。此时，市场上的关注焦点已经完全聚焦于龙头股。

5. 概念退潮期

无论何种概念，都会有一个退潮期，区别在于，有些概念在退潮期来临前会经历几波加速上涨与分化，有些概念可能只有一波加速上涨就进入了退潮期。总之，对于主力来说，如何快速将手中的筹码兑现才是王道。因为主力持仓情况不一，退潮的形式也就有所不同。若在上攻阶段存在多主力抢筹的情况，那么，在退潮阶段也可能引发多主力争相出逃，导致股价连续大幅下挫。反之，若只有一家或为数不多的主力坐庄，那么在退潮时，主力可能会采取更加从容的高位振荡法来完成出货。

另外，从以往的概念炒作情况来看，若一个概念能够经历完整的5个炒作阶段，往往能够获得较佳的持续性，股价上升持续时间较长，上升的幅度也会比较大；反之，当一个概念启动初期就出现了快速发酵并出现概念板块普涨的情况，持续性往往也会比较差。

三、多维共振，龙头出世

市场上几乎每隔一段时间就会诞生一只超级大牛股，这只大牛股几乎会吸引市场上所有投资者的目光，成为整个市场的明星。很多投资者都会为错过这些大牛股懊恼不已，并嫉妒、羡慕持有大牛股的投资者和游资。

其实，即使是主导大牛股拉升走势的游资，在拉升开始前，也不清楚这只股票到底能不能成为大牛股，或者这只股票到底能走多远。大牛股在上攻过程中，往往会经历多轮炒作，需要不断地有新的利好消息刺激，需要有新的增量资金入局，股价才能继续走高。很多主力资金（主要是游资）也是走一步看一步，越是到了拉升的尾声，主力越会警惕，一旦人气不足，就会坚决离场。换句话说，大牛股的诞生是多重利好消息共振，加上游资不断炒作，散户持续关注，多种因素共同作用的结果。当然，在炒作大牛股的过程中，一方面需要板块的协同效应，即整个板块都能受到市场的关注，这是大牛股诞生的一个基础；另一方面，市场上被炒作的热点题材不能太多，若题材过多，会分散大牛股的关注度，这也不是大牛股诞生的理想环境。

下面来看一下2021年度大牛股——九安医疗的走势情况，如图1-4所示。

自2021年11月中旬开始，九安医疗的股价启动上升走势。期间，由于新冠疫情持续，九安医疗的股价连续上攻，各路游资接连入场，形成了游资接力的态势。在股价上攻过程中，该股股价曾多次出现回调。

在此期间，有3种情况需要投资者特别关注。

第一，随着新冠疫情持续，新冠检测概念成为市场上为数不多的亮点。新冠检测概念股九安医疗又接连拿下美国市场的大单，并且美国疫情持续不见好转，这都为炒作九安医疗提供了支撑。

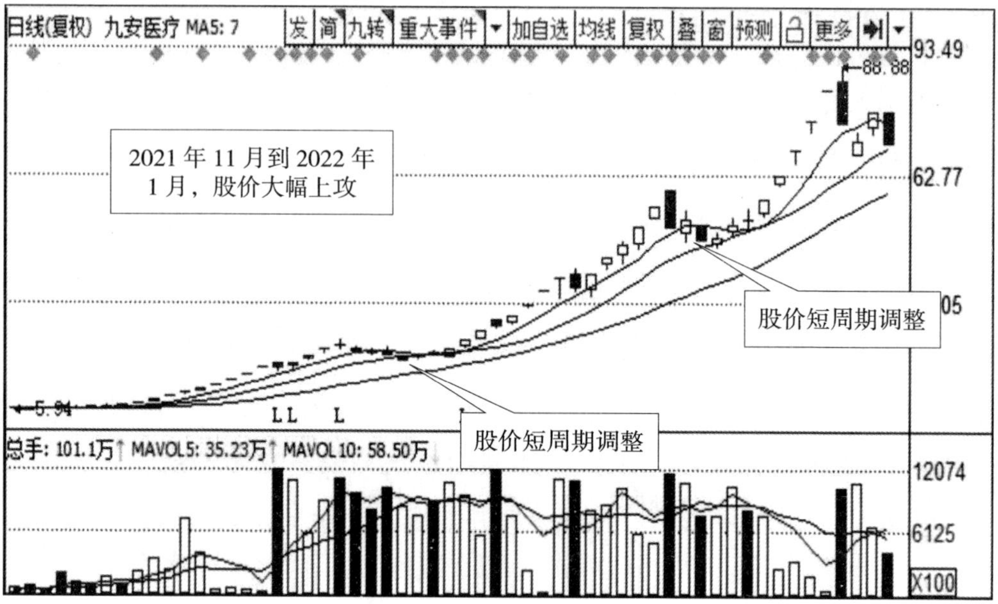

图1-4　九安医疗（002432）日K线走势图

第二，随着九安医疗炒作的火爆，整个新冠检测板块都出现了大幅上升走势。在此期间，九安医疗、明德生物、奥泰生物等新冠检测概念股都出现了大幅上攻走势，这就为概念赚钱效应的延续提供了支持。

第三，当时，整个A股市场环境并不理想，特别是2022年年初阶段，整个市场出现了大幅回调走势，这就使投资者能够集中精力关注市场上为数不多的上涨板块。因此，该板块受到了更多资金的关注。

四、引导散户情绪至疯狂

要让一个人灭亡，必先让其疯狂。在游资的世界里，要想让散户接盘，最好的方法就是让其失去理智。通过不断地刺激散户的贪欲，让其主动入局，并不断地通过拉升股价，创造外围利好气氛，让其享受持股获利带来的舒适感，使其情绪逐渐步入疯狂。

通常情况下，在股价拉升初期，很多散户都会保持一定的理性，即使参与，也是以非常小量的仓位试探性参与。当股价持续大幅上攻并进入顶部，几乎每天都会走出涨停板时，很多散户就会渐渐失去理智，想要“搏一把”。其实，游资期待的就是散户这种“疯狂搏一把”的想法。因此，顶部游资操作股票最主要的逻辑，并不是看股票本身的质地或者未来涨幅空间有多大，而是要看能否成功地引导散户的狂热情绪。只要散户情绪起来了，游资的操作才有可能成功；反之，若散户始终保持理性和观望的态度，那么，游资的操作势必很难成功。

下面来看一下天保基建的案例，如图1-5所示。

从图中可以看出，2022年3月中旬，很多城市开始调整房地产限购政策，很多房地产板块股票借势反攻，天保基建就是其中最具代表性的一只股票。

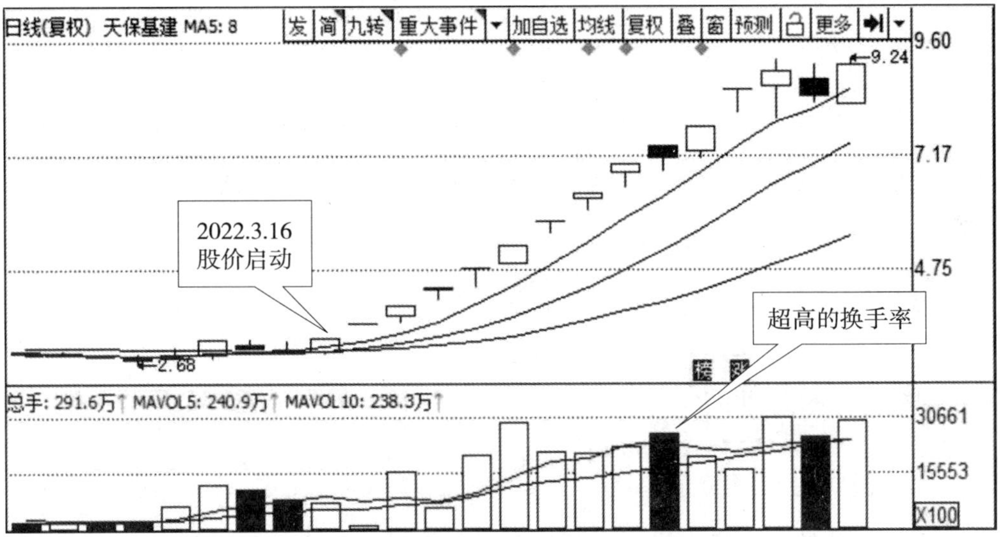

图1-5　天保基建（000965）日K线走势图

观察该股股价走势可以发现，股价出现涨停板当日，几乎都存在理论上买入或卖出的机会。同时，在股价上攻过程中，大部分时间都是以涨停报收的，强大的赚钱效应对场外的散户是有极强吸引力的。即使先前考虑“今日进，明日出”的散户，在买入股票后，也会因为持续赚钱而忘记出来，从而成为彻彻底底的“接盘侠”。这种股票最后阶段的交易就如同“击鼓传花”一样。大家都知道，游戏的本质就是寻找“最后的倒霉蛋”，但大家又都自信地认为自己不会是那个“倒霉蛋”。

随着入场的散户越来越多，游资的进出变得更加容易，一些新的游资也会进入，企图从中分一杯羹，从而形成了游资接力的局面。股价还在持续涨停，散户更加疯狂。当没有新的游资入场时，一般也是外围环境发生变化，聚集人气开始变得困难的时候。原来进入的游资不断出逃，当只剩下散户持股后，股价就难以继续上攻，于是顶部就出现了。

第二节　热点与个股的选择

市场上从来不缺少热点概念，而且同时被炒作的热点题材可能有很多。但是，并不是所有的题材、所有题材内的股票都有不错的涨幅。总之，无论是题材还是题材内的个股，交易时都需要仔细甄选。在选择题材与个股时，应该遵循以下3个基本的逻辑。

一、热点：多不如少

热点板块是市场资金追逐的主要对象。通常来说，市场上热点板块多，说明资金参与炒作热情较高，是行情看涨的信号；反之，则说明行情不佳。不过，在不同的情况下，盘面热点的数量多少，对行情的演绎有不同的意义。

1. 上升行情中的热点数量

第一，整个市场处于振荡上升区间时，盘面热点多则意味着整个市场存在多点开花的情况，是行情继续向好的表现。此时，对于游资来说，拉升个股也会非常容易，无论普通散户还是游资，都比较容易在此期间挣到钱。不过，这种情况一般都出现在上升行情的末期，是行情即将见顶的信号。

第二，在市场振荡上升期间，如果盘面热点较少，则说明整个市场的资金是围绕若干主题展开的，这种走势比较容易延续，后市向好的概率更大。对于游资来说，这种走势更加有利于操作。由于热点题材相对较少，拉升个股时容易引发其他投资者的追捧，因此是游资最喜欢的一种情况。正如很多游资大佬常说的，他们最害怕的不是盘面热点少，而是热点太多了。热点题材一多，势必会分散散户的注意力，这样就难以聚拢人气，不利于游资出货。

2. 下降行情中的热点数量

第一，在下降行情中，若出现热点数量众多的情况，则说明各个热点延续性极差，并且热点轮动较快。这就意味着无论是散户还是游资，参与这类行情都很难挣到钱，游资也不喜欢这类行情。

第二，在下降行情中，若出现热点数量较少的情况，也是游资可接受的，甚至是最喜欢的一种情况。由于市场处于下行状态，若游资连续拉升某只股票，那么势必会受到整个市场的关注，这就比较有利于聚拢市场人气。当然，这种下降行情不能是暴跌行情，否则就没有人敢入场接盘了。

二、题材：旧不如新

旧题材不如新题材。游资大佬赵老哥曾说，新题材就是印钞机。新题材是指那些在市场上没有经过大肆炒作，没有被深度挖掘的题材。

新题材具有这样3个特点。

第一，之前没有被提及，因此这些新题材就拥有了更大的炒作空间，游资愿意参与炒作。

第二，由于属于新题材，自然会有更大的想象空间。

第三，新题材必然会有更多待挖掘的领域或板块，这就为其他游资提供了炒作的机会。

这都是游资喜欢新题材的原因所在。当然，炒作新题材也同样会伴随着风险。炒作新题材的风险来自以下3个方面。

第一，题材热度不及预期，没有得到很好的发酵。通常情况下，游资会在消息正式出现前介入个股，消息出现后，游资借势推动股价上攻。其后，其他各路游资会争相涌入新题材，接着散户也会追涨入场。但是，若题材热度不及预期，这些游资就无法顺利出货，最后可能不得不割肉离场。

第二，市场环境突变。比如国际地缘政治冲突或者其他突发事件，导致整个市场充满恐慌，此时就没有散户或资金愿意入场接盘，这些新题材也就缺乏了继续向上炒作的基础。

第三，新题材的延展性与持续性不及预期。新题材要想在市场上立得住，一方面需要树立一个超级大龙头，吸引足够的关注度；另一方面还需要深度挖掘与题材相关的板块或概念。两个方面缺少一个，都无法达到预期的炒作效果。

下面来看一下元宇宙概念的炒作情况。

元宇宙是利用科技手段进行链接与创造的与现实世界映射和交互的虚拟世界，具备新型社会体系的数字生活空间。此前一直存在于影视作品里的概念，如今成为市场关注的热点。

2021年，元宇宙概念横空出世，市场上由此掀起了一波“元宇宙”概念的炒作热潮。

2021年3月，元宇宙概念第一股罗布乐思（Roblox）在美国纽约证券交易所正式上市。2021年5月，脸书（Facebook）表示将在5年内转型成为一家元宇宙公司。不过，此时A股市场上并未出现关于元宇宙的炒作行情。

2021年9月6日，中青宝微信公众号披露：“中青宝致力打造一款能映射玩家内心世界到元宇宙的模拟经营类游戏，将虚拟世界的体验感做得更真实，在这种发展大趋势和实现元宇宙所需技术完备的前提下，《酿酒大师》有了强势入局元宇宙游戏之势。”

由此，A股市场“元宇宙”概念横空出世。在国外市场，由于已经有很多大型互联网公司介入元宇宙领域，因而该概念一经出现，就引发了市场的疯狂追捧。2021年9月7日，中青宝强势涨停，如图1-6所示。

中青宝在发布介入“元宇宙”的消息后，该股股价直线被封上涨停板。此后，该股股价连续大涨。不过，由于此时中青宝并不符合登上龙虎榜的条件，所以无法判断哪路游资已经入场。

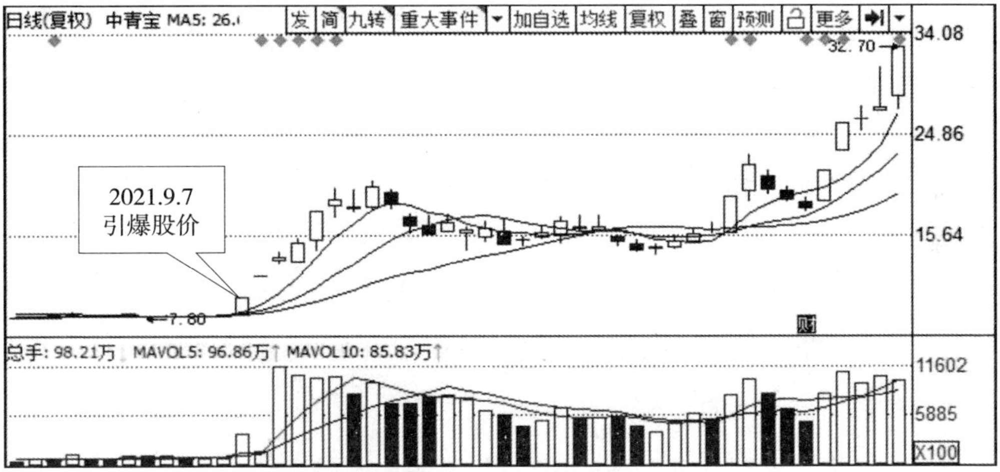

图1-6　中青宝（300052）日K线走势图

到了9月8日，中青宝登上龙虎榜，其信息如图1-7所示。

从该股龙虎榜上可以看到“华鑫证券有限责任公司上海分公司”这个自2021年风光无二的游资席位。9月9日，国内顶级游资席位“中信证券上海溧阳路”同步追涨进入龙虎榜买盘第一位。

此后，元宇宙概念在市场上愈演愈烈，掀起了多轮炒作热潮。对于较早入场的游资来说，这一概念的确是他们的“印钞机”。

中青宝龙虎榜数据
2021-09-08

日期：2021-09-08 总成交金额：57835.84万元，总成交量：5830.63万股

排序	营业部名称	买入金额/万	占总成交比例	卖出金额/万	占总成交比例	净额/万
买入金额最大的前5名　买入总计 **16942.19** 万元，占总成交比例 **29.29%**						
1	财通证券股份有限公司杭州上塘路证券营业部	6258.30	10.82%	0.00	0.00%	6258.30
2	华鑫证券有限责任公司上海分公司	2546.15	4.40%	88.10	0.15%	2458.05
3	国金证券股份有限公司上海浦东新区梅花路证券营业部	2465.41	4.26%	11.54	0.02%	2453.87
4	中国中金财富证券有限公司无锡人民中路证券营业部	2038.67	3.52%	5.49	0.01%	2033.18
5	宏信证券有限责任公司西昌月海路证券营业部	1699.07	2.94%	0.98	0.00%	1698.09
卖出金额最大的前5名　卖出总计 **2901.03** 万元，占总成交比例 **5.02%**						
1	中信证券股份有限公司北京紫竹院路证券营业部	1204.12	2.08%	740.77	1.28%	463.35
2	湘财证券股份有限公司台州祥和路证券营业部	726.98	1.26%	603.25	1.04%	123.73
3	华泰证券股份有限公司江阴福泰路证券营业部	3.48	0.01%	532.33	0.92%	-528.84
4	中国中金财富证券有限公司中山小榄升平东路证券营业部	0.00	0.00%	492.00	0.85%	-492.00
5	申万宏源证券有限公司上海黄浦区新昌路证券营业部	0.00	0.00%	426.56	0.74%	-426.56

买卖净差：**14041.16**万元

图1-7　中青宝（300052）龙虎榜数据（2021.9.8）

三、盘子：大不如小

相对于散户，游资确实具有很大的资金优势，但面对主力庄家，游资的资金量并不算很大。特别是目前A股市场，很多上市公司的市值动辄上千亿元，游资要想撼动这些股票，他们拥有的资金量并不是很充裕，因此，游资选择炒作的股票时，肯定会对股票的盘子（市值大小）有所考虑。与盘子一起考量的还有流通性的问题。

一般来说，游资考虑盘子大小时，比较关注这样两点。

第一，盘子相对较小。这里的盘子主要指的是股票的流通盘而非总股份数。大盘股往往有大量的主力基金和庄家驻守，游资很少参与这类股票。但游资挑选股票时，也并非盘子越小越好。若盘子过小，流通性就可能不足，这样，游资进去拉升之后，很可能短期内找不到接手的人，自己做着做着就成了股东，这肯定不是游资想要的效果。因此，盘子大小肯定要适中，这里

的适中，主要是根据游资自己的实力水平确定的。一个只有几千万元资产的游资和十几亿元资产的游资，所选的盘子肯定是不一样的。

第二，流动性要好。观察游资拉升的股票就可以发现，这些股票的流动性极佳，在拉升的后期，每日的换手率高达20%以上，这样游资想要进出就会变得很容易。大家需要清楚一件事，游资炒作股票的主要目的是盈利，是能够兑现盈利，而不是将股价拉升至高位。其实，对于这些游资来说，将股价拉升起来相对比较容易，但如何才能在高位出来才是关键。

一些大牛股，即使一波上攻结束，股价也不会很快下跌，而是会出现较长时间的横向盘整，这时先前介入的游资就可以从容撤出，这就是较佳的投机标的。反之，另外一些股票即使短线出现了暴涨，但很快股价又跌回来了，由于股价在高位停留的时间过短，会有很多游资被困在其中。也就是说，不仅散户不喜欢这类股票，游资也不喜欢这类股票。

总之，一般来说，游资比较偏好流通市值在50亿元左右的股票。市值过低，容易造成流通不畅；市值过高，游资拉升也有困难。

比如，2022年4月初的化肥股行情中，六国化工与云天化同属于化肥板块，并且云天化无论业绩还是知名度均要高于六国化工，不过，游资最终还是将六国化工作为主要的拉升对象。下面来看一下二者的走势情况，如图1-8、图1-9所示。

通过对比可知，2022年4月8日之前，六国化工与云天化的走势基本相近。不过，4月8日，在化肥股走强的刺激下，六国化工强势涨停。与此同时，云天化的股价冲高回落，次日更是平收。从二者走势的对比来看，六国化工显然就是游资理想的投机标的。

其实，对比二者盘子的大小可以发现其中的差别：

截至2022年4月11日，六国化工的总市值为52.21亿元（全部都属于流通股），其中大股东持股25%左右。

截至2022年4月11日，云天化的总市值为528.4亿元（流通市值为493.6亿元），其中大股东持股在44%左右。

一般来说，若无特殊的公告，大股东一般不会轻易减持股票。从上述两只股票的流通市值对比来看，六国化工要远小于云天化，这也是六国化工成为游资目标猎物的重要原因。

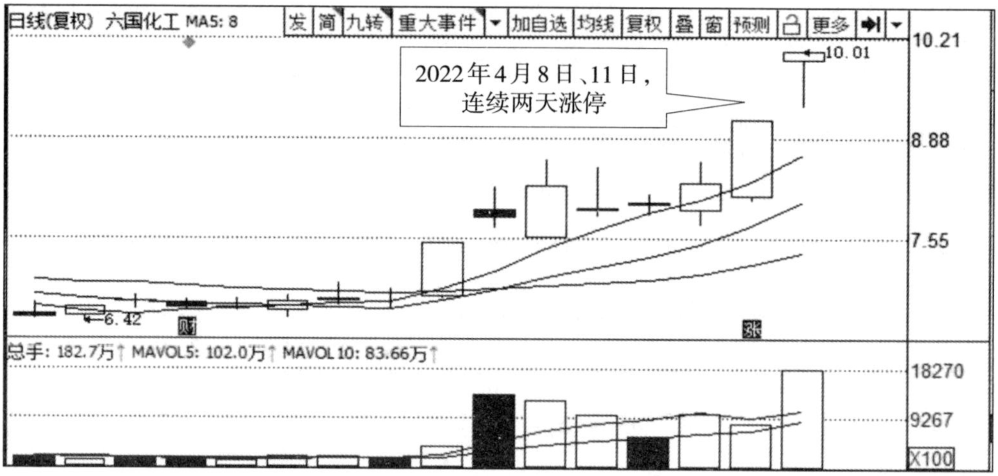

图1-8 六国化工（600470）日K线走势图

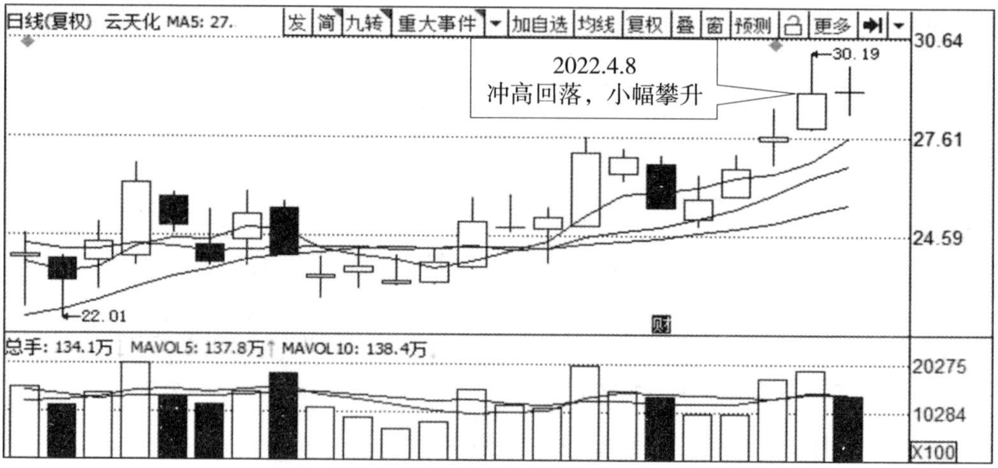

图1-9 云天化（600096）日K线走势图

第三节　散户追逐热点的策略

一般来说，散户追涨热点、追逐强势股，可以采取以下4种策略。

第一，提前布局，等待拉升。

第二，涨停板追涨。

第三，抢入大龙头。

第四，龙头的二波启动。

一、提前布局

从理论上来说，在行情启动前提早入场，肯定是最为明智的选择。在布局交易之前，需要明确这样3个基本问题。

第一，消息的即时性。

能够提前布局，必然能够先人一步掌握最新的利好消息，这是提前布局的前提，同时也是普通投资者很难做到的一步。投资者至少需要提前一个交易日掌握利好消息，否则也就没有了提前的意义。

第二，题材的新颖性。

前面已经介绍过了，市场上的游资对新颖的题材趋之若鹜，自己所了解和掌握的题材到底新不新、有多新，是介入前需要评估的问题。这种新题材市场是否认可，也就是游资是否认可，也是需要仔细分析的问题。只有游资认可并愿意拉升炒作，才能真正形成上涨行情，否则，再好的题材也没有实际意义。这类题材股，毕竟不是某个企业真正意义上的业绩提升或基本面改善。

第三，消息的价值（可炒作性）。

即使有真正的利好消息流出，并且投资者也能够事先掌握，但对于消息所能推动的股价涨幅，也是需要提前进行判断的。很多时候，一些所谓的利好消息出现时，其实正是主力资金想要出货的时候，当这些消息出现时，主力资金有可能第一时间借利好获利了结了。如之前所说的，再好的题材，游资不认可、不炒作，也没有用。若主力资金借助利好用来出货，游资介入就更加得不偿失了。

另外，在实际操作中，提前介入还存在以下两个主要的障碍。

第一，消息的真实性。

尽管很多热点在炒作前都可能有些小道消息开始流传，但哪些消息属于真实的利好消息，哪些消息属于主力或游资故意透露出来的对散户进行诱多的消息，是普通投资者难以判断的。

第二，游资攻击的方向。

观察每波行情启动时的规律可以发现，当某种概念被热炒时，并不是概念领域内的龙头股或者业绩最优股涨幅最大，而是那些在游资眼中与概念最为贴切的股票涨幅最大。另外，被炒作股票的最终涨幅，其实也不是游资决定的，而是市场情绪决定的。市场说谁是龙头，谁就是龙头。在这种情况下，很多时候，投资者提前介入的股票往往会成为冷门股，很难被游资光顾。

二、涨停板追涨

没有涨停板，就不能被称为热点题材或板块。在最近几年的市场上，这一点表现得尤为明显。因此，在股价达到涨停位时积极追涨买入，也就成了散户追涨热点的重要方式。事实上，目前很多炒作强势股和热门股的散户，基本都会用到这种交易策略。

追击涨停板成功率最高的方法，莫过于在冲上涨停板时追涨买入。但是，并不是所有时间、所有的涨停板都是可以追涨买入的。

涨停板出现时，投资者追涨买入股票的操作要点如下。

第一，涨停时间。

个股冲上涨停板的时间越早越好。投资者要尽量选择那些在开盘半小时内就冲上涨停板的股票。投资者可以借助炒股软件中的【涨幅排名】和【涨速排名】功能来寻找最佳的操作标的。

第二，股价位置。

投资者要秉持一个原则，即股价不涨停不追。只有股价到达涨停板位置，并且有大单开始买入时，方可追涨买入。

第三，成交量大小。

股价在上涨过程中需要保持良性的量价关系，即股价上涨时成交量放大，股价下跌时成交量缩小。特别是一些前日涨停的股票，若盘中出现大抛单，投资者可趁机观察股价的变化情况。若大抛单对股价影响较小，或者股价被打压后立即反弹，则说明下方承接情况良好，投资者可在股价即将涨停时入场。

第四，涨停板数量。

追涨热点题材股时，所要抢入的涨停板最好是第二个，甚至是第三个。尽管股价进入高位后风险也在同步加大，但连续涨停的个股成为龙头的概率也在增大。

第五，仓位控制。

火线抢入涨停板的操作面临非常大的风险，因而以少量资金参与为宜。参与该项操作的资金，原则上占资金总额的比重不能超过20%。

下面来看一下浙江世宝的案例。

浙江世宝是一家以汽车转向器以及汽车转向系统关键零部件研发、生产及销售为主营业务的企业，同时也是国内诸多汽车厂商转向系统的配套供应商。在新能源汽车炒作浪潮的推动下，浙江世宝2022年6月13日强势封于涨停板。

该股属于典型的新能源汽车概念股，整个股票盘子不大，总股本为7.90亿股，流通股本为5.53亿股。2022年6月13日股价涨停，收于5.75元，整个股票的流通市值仅为31.8亿元。对于市场上的游资来说，这种盘子大小的股票是非常适合的炒作标的。

下面先来看一下该股的日K线走势图，如图1-10所示。

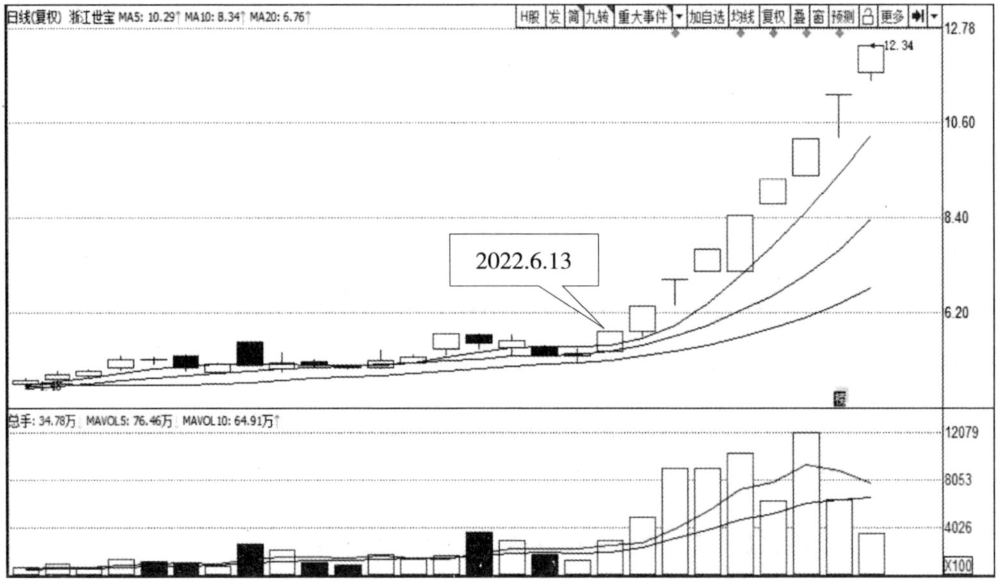

图1-10　浙江世宝（002703）日K线走势图

2022年6月13日，浙江世宝的股价强势封于涨停板。鉴于当时新能源汽车零部件概念火热，投资者无法判断新能源汽车零部件概念板块中哪只股票会成为未来的强者时，可在次日开盘后观察前一交易日各只涨停股票的股价走势情况，在这些涨停股即将再度封于涨停板时入场介入。

下面来看一下浙江世宝6月14日的分时走势情况，如图1-11所示。

2022年6月14日，浙江世宝的股价早盘低开振荡后出现了一波急速上攻走势。接着，前日入场的资金开始打压股价。不过，股价被打压时，下跌幅度并不大，并且很快被拉升上来。各路资金眼见主力打压试盘的目的已经达到，便纷纷入场抢筹，散户投资者也可以在股价即将到达涨停板位置时抢筹入场。

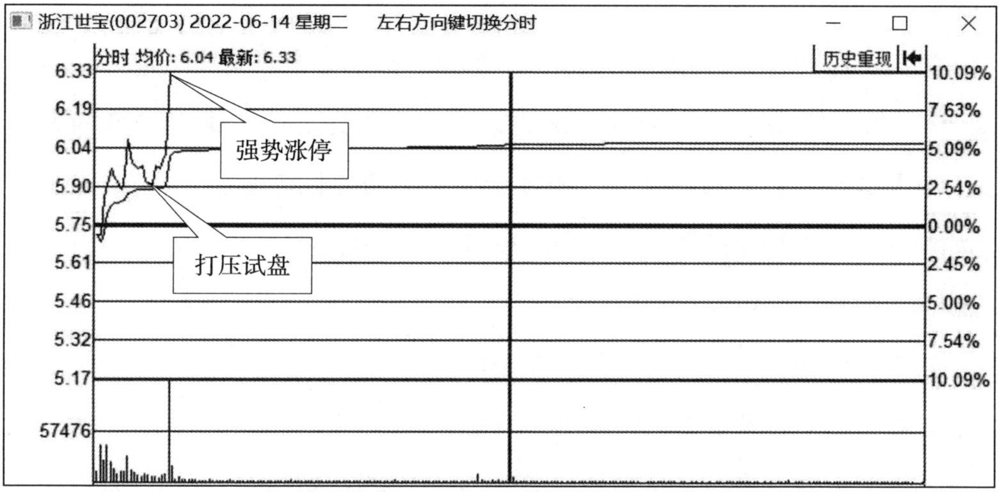

图1-11　浙江世宝（002703）分时走势图

大家需要清楚一点，打压试盘是很多游资在拉升股价前都会采取的策略，除非其对该股的后市极为看好，才会省掉这一步骤。因此，投资者可以借助游资的试盘行动来观察盘面的情况，一旦发现资金有抢筹迹象，则可考虑入场。

三、抢入大龙头

每波行情都会产生一只绝对的大龙头，龙头股就是整个市场行情的风向标。股市中，一直都有“龙头不倒，行情不灭”的说法。只要龙头股还在持续涨停，那么，与龙头股相关板块内的股票行情就不会走完，随时可能会引爆上升行情。当然，对于普通散户来说，大龙头的股价往往都比较高，有时相对于启动点位涨幅可能超过100%。

正因如此，即使介入龙头股会面临诸多风险，但还是有很多散户抢入。抢入大龙头的核心研判要点包括以下4点。

第一，大龙头一定是市场情绪的焦点所在，是市场上热度最高的股票。由于有足够高的关注度，很多资金才愿意入场炒作，所以也就更不容易跌下来。

第二，股票连板数量要超过3个。连板数量越多，介入风险越大，但大龙头一定是3个板以上才能看出来的，否则根本无法确认谁是市场的大龙头。一般来说，在一波行情中，市场大龙头的涨停板可能达到9个或以上。比如新能源汽车炒作行情中，中通客车曾经连续拉出13个涨停板。所以，要想炒作大龙头，就需要有冒险精神。

第三，大龙头一定诞生在某一波市场炒作的主要题材中。之前的中通客车就是在市场炒作新能源汽车行情中产生的。

第四，大龙头是游资接力炒作形成的。一般来说，越是有知名游资参与的涨停股，成为大龙头的概率越高。特别是2～3个涨停板后，还有国内顶级游资入场的股票，就更值得关注。

比如，2021年的超级大牛股九安医疗就是这种情况。2021年下半年，新冠疫情愈演愈烈，很多国内医疗器械公司生产的新冠检测产品通过美国相关部门的认证与许可后，开始在美国市场销售。于是，新冠检测概念成为当时的热点概念，九安医疗成为市场的热门品种。

如图1–12所示，自2021年11月11日起，九安医疗的股价开始启动了上升走势。11月15日、16日，该股更是连续两个交易日涨停，开始显现龙头特色。

2021年11月16日，九安医疗的龙虎榜上出现了很多顶级游资的身影，如图1–13所示。

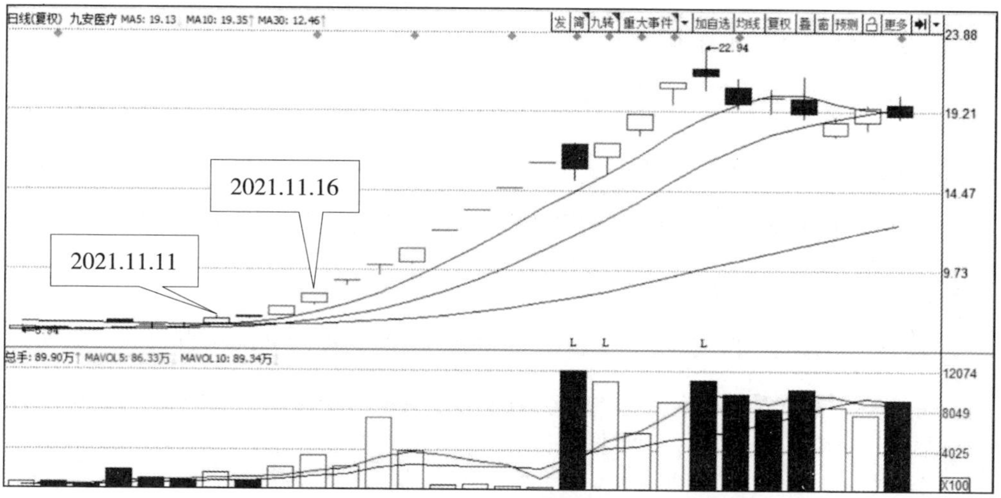

图1-12　九安医疗（002432）日K线走势图

九安医疗龙虎榜数据

2021-11-16

日期：2021-11-16 总成交金额：48323.25万元，总成交量：6317.40万股

排序	营业部名称	买入金额/万	占总成交比例	卖出金额/万	占总成交比例	净额/万
买入金额最大的前5名　买入总计 **9342.70** 万元，占总成交比例 **19.33%**						
1	中国中金财富证券有限公司厦门湖滨东路证券营业部	2297.23	4.75%	0.00	0.00%	2297.23
2	华泰证券股份有限公司浙江分公司	1464.03	3.03%	0.78	0.00%	1463.25
3	华鑫证券有限责任公司上海分公司	1438.34	2.98%	13.79	0.03%	1424.55
4	浙商证券股份有限公司绍兴解放北路证券营业部	1411.85	2.92%	1.55	0.00%	1410.30
5	东方财富证券股份有限公司拉萨东环路第一证券营业部	978.26	2.02%	202.72	0.42%	775.54
卖出金额最大的前5名　卖出总计 **3876.88** 万元，占总成交比例 **8.02%**						
1	粤开证券股份有限公司南通工农路证券营业部	0.00	0.00%	1013.88	2.10%	-1013.88
2	财通证券股份有限公司杭州九堡九乔街证券营业部	812.81	1.68%	867.89	1.80%	-55.07
3	广发证券股份有限公司珠海柠溪路证券营业部	0.33	0.00%	710.28	1.47%	-709.95
4	中国银河证券股份有限公司厦门嘉禾路证券营业部	683.03	1.41%	693.45	1.44%	-10.41
5	招商证券股份有限公司深圳招商证券大厦证券营业部	256.81	0.53%	372.55	0.77%	-115.74

买卖净差：**5465.82**万元

图1-13　九安医疗（002432）龙虎榜数据（2021.11.16）

在11月16日的龙虎榜上，国内顶级游资赵老哥常用的营业部浙商证券绍兴解放北路、华泰证券浙江分公司的席位双双进入买入榜前两位，这说明该只股票已经显露了龙头本色，赵老哥已经笃定该只股票未来还有较大的上升空间，并率先开启了抢龙头行动。

此后，该只股票一路狂飙。投资者可以在16日或17日入场参与抢夺大龙头。

四、龙头二波启动

很多大龙头都会有第二波炒作，对于游资来说，炒作第二波要比第一波更加安全。股价上攻第一波结束后，很多获利颇丰的游资会撤出，一些散户也有兑现利润的需求，这时候股价就会出现回调走势。之后龙头股能否再度上攻，还要取决于以下4个因素。

第一，龙头股的市场热度。市场热度包括龙头股本身的热度、龙头股所处板块的热度等。只有热度保持良好，龙头股才具备继续上攻的炒作基础。

第二，市场炒作题材情况。若市场炒作题材较多或者有新的热点题材出现，则龙头股二度启动的概率就会降低；反之，则可能会提升。

第三，先前被套其中的游资，可能出于自救目的借势掀起新一轮炒作行情。

第四，若市场消息面能够提供新的炒作故事或理由，龙头股就会更加容易地掀起第二轮炒作行情。

下面来看一下以岭药业的股价走势情况，如图1–14所示。

2020年年初，新冠疫情突然袭来。由于市场普遍担心疫情会给经济带来较大的打击，股市同步出现了回落走势。

3月中旬，在抗疫过程中，不断地有专家开始提及连花清瘟胶囊（以岭药业拳头产品），并认为该药对新冠有一定的治疗效果，于是，从3月16日开始，市场掀起了对以岭药业的炒作。

经过一波拉升之后，该股股价出现了回调走势。不过，由于此时整个社会均受到了疫情的冲击，股市中热点匮乏，而连花清瘟胶囊在抗疫过程中的作用被不断地提及，使得市场自2020年4月8日开始启动了第二波对以岭药业的炒作热潮。

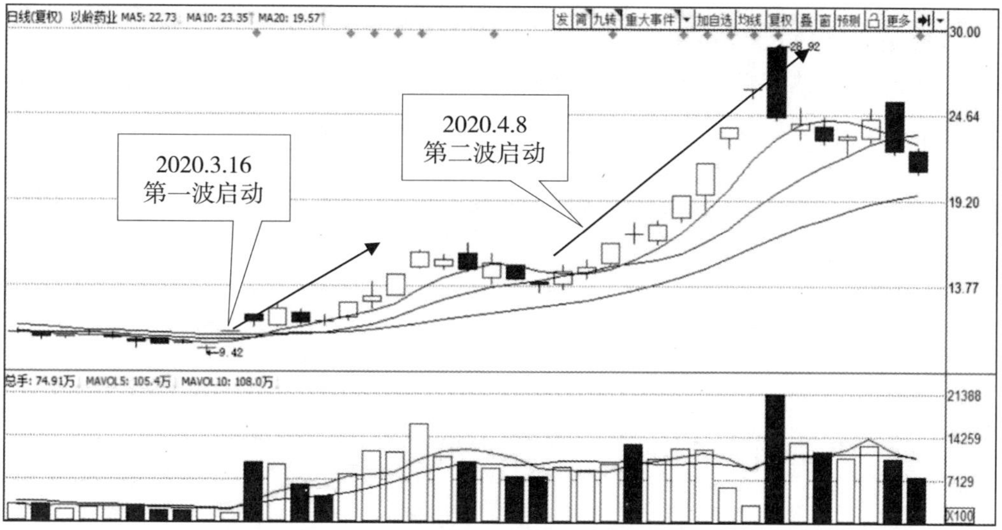

图1-14　以岭药业（002603）日K线走势图

2020年4月8日，国内诸多顶级游资登上以岭药业的龙虎榜，如图1-15所示。

以岭药业龙虎榜数据

2020-04-08

日期：2020-04-08 总成交金额：224048.10万元，总成交量：9506.69万股

排序	营业部名称	买入金额/万	占总成交比例	卖出金额/万	占总成交比例	净额/万
买入金额最大的前5名　买入总计 **27481.75** 万元，占总成交比例 **12.27%**						
1	华鑫证券有限责任公司湖州劳动路浙北金融中心证券营业部	5422.98	2.42%	0.00	0.00%	5422.98
2	中信证券股份有限公司上海溧阳路证券营业部	4943.35	2.21%	124.32	0.06%	4819.03
3	华泰证券股份有限公司上海静安区威海路证券营业部	4596.56	2.05%	31.56	0.01%	4565.00
4	兴业证券股份有限公司陕西分公司	4561.01	2.04%	33.21	0.01%	4527.80
5	中国银河证券股份有限公司绍兴证券营业部	2962.37	1.32%	46.76	0.02%	2915.61
卖出金额最大的前5名　卖出总计 **18202.25** 万元，占总成交比例 **8.12%**						
1	中国国际金融股份有限公司广州珠江新城证券营业部	0.00	0.00%	8942.06	3.99%	-8942.06
2	东方财富证券股份有限公司拉萨团结路第二证券营业部	1386.16	0.62%	2750.61	1.23%	-1364.45
3	深股通专用	2184.11	0.97%	2707.75	1.21%	-523.64
4	中信证券（山东）有限责任公司淄博世纪路证券营业部	24.53	0.01%	1788.26	0.80%	-1763.73
5	东方财富证券股份有限公司拉萨东环路第二证券营业部	1400.68	0.63%	1777.71	0.79%	-377.03

买卖净差：**9279.50**万元

图1-15　以岭药业龙虎榜数据（2020.4.8）

从以岭药业4月8日龙虎榜上可以清晰地看到，国内顶级游资上海溧阳路，还有赵老哥经常使用的中国银河绍兴营业部都在龙虎榜榜单上。另外，

买入金额排名第一的华鑫证券湖州劳动路营业部也是国内顶级游资出没的地方。由此可见，多路游资齐聚以岭药业，该股股价未来想要不涨都困难。对于普通散户来说，跟随国内顶级游资入场炒作龙头的二次炒作行情，也是不错的选择。当然，这里面的风险也很大，投资者必须合理规划仓位，控制风险。

第二章

国际风云变幻

国际局势的风云变幻，对各个国家的发展都会或多或少构成一定的影响。特别是随着全球化的推进，各个国家之间的联系日益紧密，整个国际局势的变化对单个国家的影响也会更大。站在我国的立场来看，随着近些年来经济的快速发展，国家综合实力逐渐增强，与其他国家和地区的贸易保持了较快的发展。但同时也应该看到，国际贸易保护主义有抬头的趋势，个别国家仍抱有“扼制我国发展”的想法，这都可能成为国民经济未来发展的障碍。总之，随着我国经济与全球经济的深度融合，对国际局势的变化反应也会日趋灵敏。国际局势的变化，也会反映在股市之中。

第一节　战争与地缘政治冲突

没有什么比战争与冲突给人类带来的灾难更大。战端一起，交战双方都会造成大量的人员、武器与资金损失。同时，战争与冲突还会直接破坏大量的房屋、桥梁、道路等固定资产，对地区甚至国家贸易、全球产业供应链造成较大程度的破坏，进而影响全球经济发展。当然，战争与地缘政治冲突对经济的影响程度，与战争的规模、冲突参与国的经济影响力等密切相关。

一、俄乌冲突与粮食危机

俄乌冲突是最近一些年来最大的一次国家与国家之间的军事冲突。与以往军事冲突或小规模的地区冲突不同，这次冲突带有明显的旧冷战时期的色彩。由于冲突参与方之一俄罗斯是世界上主要的拥核国家，这就使得西方国家在与俄罗斯对抗时有所顾忌。同时，由于俄罗斯还是世界上最主要的原油生产国之一，世界上主要的粮食作物生产国之一，乌克兰又是世界上最主要的粮食生产国之一，素有“欧洲粮仓”之称，这两个国家之间的冲突，对整个世界的能源供应、粮食供应都产生了重要的影响。因此，当俄乌冲突发生后，世界主要的股市都受到了大幅冲击。

下面先来看一下上证指数的走势情况，如图2-1所示。

2022年2月24日俄乌冲突发生后，原本处于横向振荡趋势中的上证指数，在欧美股市大幅下挫的影响下，也同步大幅下挫。其后的几个交易日，指数虽有所修复，但随着冲突的加深，还是出现了一波大幅下跌走势。由此可见，市场上的投资者对冲突带给金融市场的影响是十分担忧的。不过，有些行业则成为冲突的受益领域，比如军工行业，以及由冲突引发危机的能源行业、粮食生产供应行业等。俄乌冲突中，主要的军火受益方为美国军火巨头，因而国内军工行业股票涨幅有限，倒是因为冲突引发全球粮食危机，很多粮食出口国开始缩减甚至取消粮食出口，这对国内的影响比较大。

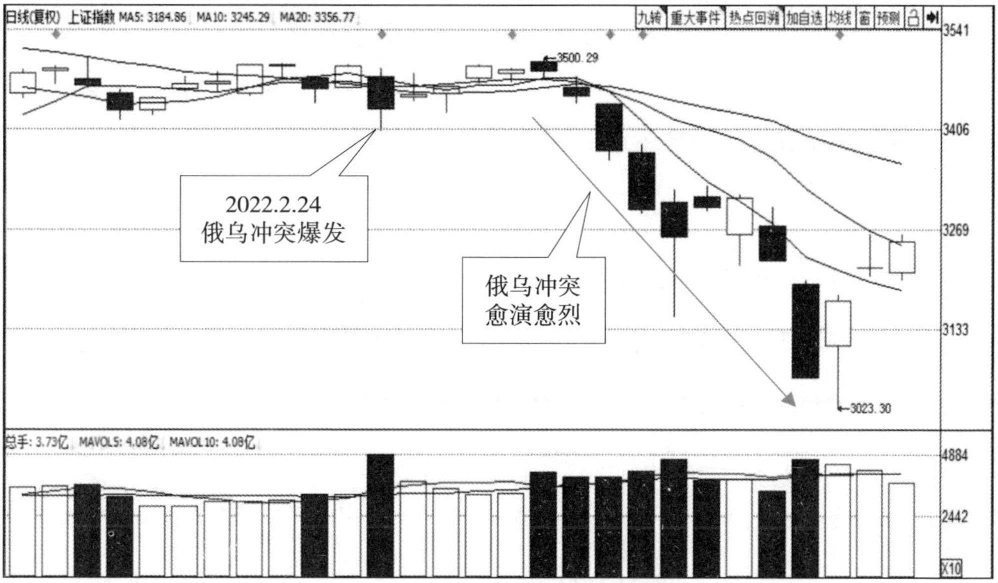

图2-1　上证指数日K线走势图

如图2-2所示，在俄乌冲突持续1个月且不见好转的情况下，全球对粮食问题的担忧越来越严重，很多国家都出台了限制粮食出口的政策。到了3月25日，粮食危机正式成为股市中热炒的概念，农发种业作为粮食危机概念的龙头品种一马当先，率先涨停，此后，该股股价连续拉出多个涨停板。

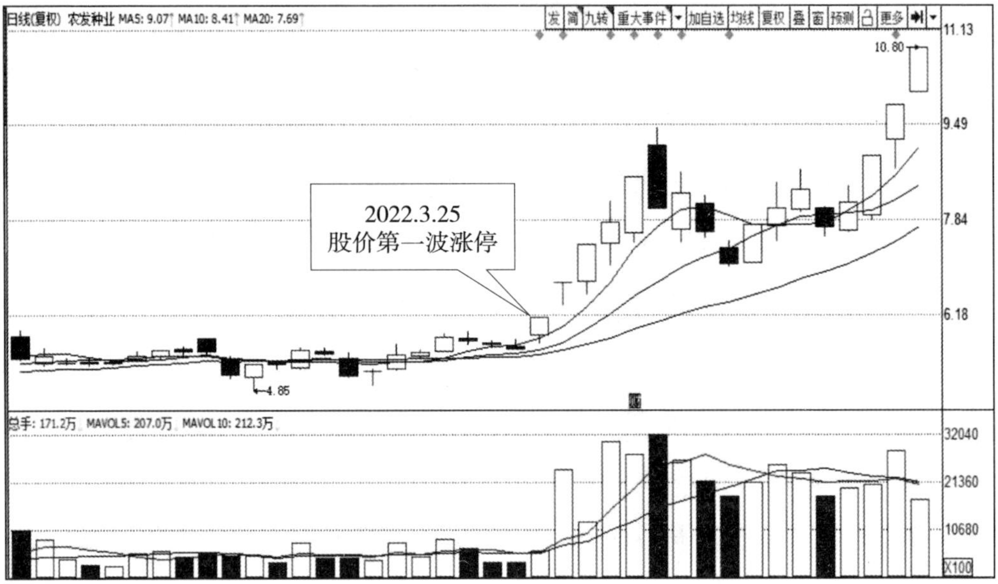

图2-2　农发种业（600313）日K线走势图

二、中东政治冲突——石油生命线

中东地区是世界上最不稳定的地区之一，巴以问题、伊核问题、民族矛盾问题等都集中体现在该地区。同时，该地区还是世界上最大的石油输出地区。石油被称为“工业的血液”，是现代工业必不可少的原料和动力来源。中东地区局势不稳，会对全球经济产生重要的影响。

每当中东局势不稳，甚至出现战乱时，都可能对国际金融市场产生负面影响，A股也会受到一定程度的波及。不过，也有一些股票可能会成为冲突背后的受益方，如军工股、石油能源股、黄金股等。不过，石油类股票是最为明显的受益板块，毕竟主要的石油输出地区受战乱困扰（有时候有些油田可能会停产，石油贸易可能会受到影响）。

比如，2020年1月3日，伊朗革命卫队圣城旅前旅长苏莱曼尼在伊拉克巴格达国际机场外遭美军空袭身亡，伊朗最高领袖哈梅内伊随后发表声明说，伊朗方面将对这起事件进行“强硬复仇”。一时间，金融市场对中东局势的担忧急剧增加，各大股市开始轮番下挫。不过，其中的石油股和军工股则是明显的例外。

下面来看一下泰山石油的案例，如图2-3所示。

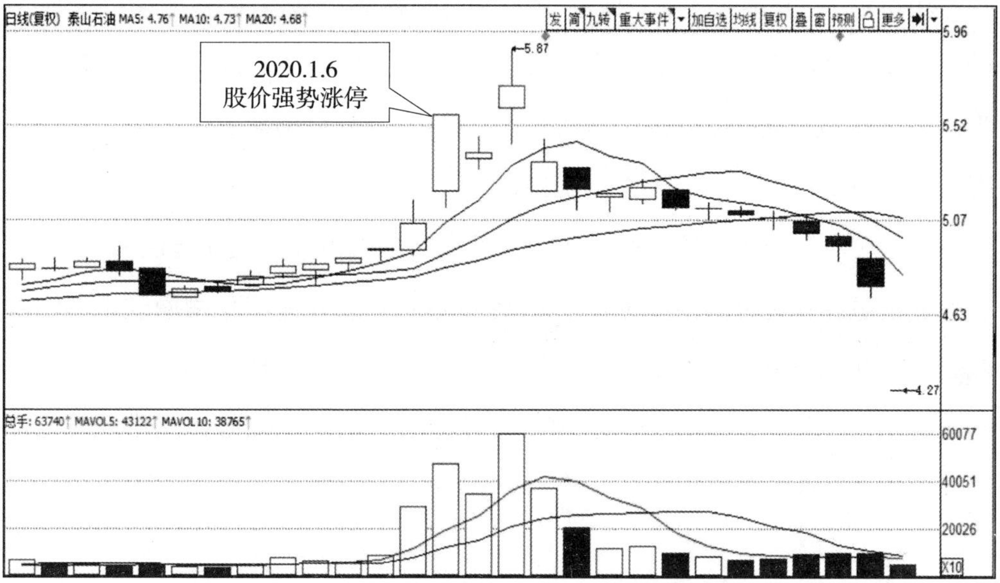

图2-3　泰山石油（000554）日K线走势图

泰山石油属于中国石化下属的控股上市公司，其主营业务为成品油销售。2020年1月3日，苏莱曼尼被袭击身亡后，由于A股市场正处于周末休市，因而对市场的冲击主要在周一（1月6日）体现。

1月6日早盘开盘，泰山石油高开后一路横向振荡，最终封上了涨停板，由此可见中东局势对石油股的影响之大。当然，这次袭击对国内市场、国内石油供给的影响毕竟十分有限，因而1月6日之后，该股又重新开始了价格修复（下行）之路。

第二节　疫情与公共卫生危机

疫情与公共卫生受到各国的普遍重视。当一种传染性疾病在全球范围内传播开来，对人类、对经济造成的损失是难以弥补的。正因如此，当一波全球性传染病开始流行后，全球的金融市场都可能会受连累而出现恐慌性下跌。当然，其中有一类股票可能是个例外，那就是疫情治疗与防范的相关产业。具体来说，疫情出现后，市场上的炒作一般会围绕疫情防护、病毒检测、病毒防范、疾病治疗等方向展开。

最近几年，最典型的一次疫情与公共卫生危机事件就是新冠疫情。

新冠即新型冠状病毒肺炎，自2019年12月首先在武汉华南海鲜市场被发现之后，2020年2月11日被世卫组织正式定名为“COVID-19”。此后，世界各国先后发现新冠病毒病例。该病毒造成了大量人员感染和死亡，对全球经济造成了极大的破坏。

一、疫情防护——口罩概念

面对突然而至的新冠疫情，各方面的应对与准备都有不足，其中口罩（主要是医用口罩）作为防范病毒的第一道防线，其作用很快凸显出来。但是，全国口罩的库存和生产能力短期内难以满足市场的需求，于是，口罩概念成为疫情发生后第一个被热炒的概念。股市中的上市公司，只要有口罩相关产品或提供口罩原料的企业，其股价都被炒上了天。

其中，比较典型的被爆炒的企业包括道恩股份、泰达股份、延安必康等。下面以泰达股份为例进行讲解。泰达股份本是一家从事生态环保、区域开发、能源贸易、股权投资的集团化上市公司，其旗下企业经营业务中包括纺织及滤材业务，而这又是生产各类口罩必不可少的原材料，因此，作为口罩概念股，泰达股份成为第一批被市场炒作的标的。

下面来看一下泰达股份的股价走势情况，如图2-4所示。

由于新冠疫情的影响，口罩成为市场上最稀缺的防疫物资。市场上口罩生产厂家的原料库存迅速见底，生产口罩的材料成为市场上最为紧缺的物资。作为口罩生产原料的供应厂商，泰达股份很快就吸引了市场炒作者的目光。

2020年1月20日，泰达股份的股价强势涨停，此后该股股价出现了一波连续大幅上攻走势，泰达股份成为口罩概念的第一波上涨大龙头。

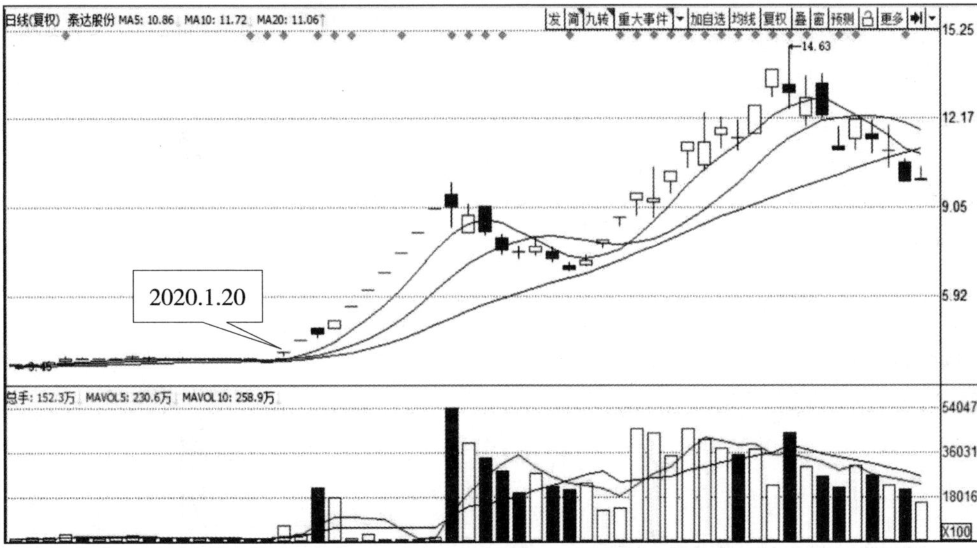

图2-4　泰达股份（000652）日K线走势图

二、病毒检测——抗原检测概念

自新冠疫情爆发后，各大医疗器械公司相继推出了各类病毒检测工具，其中抗原家用自测试剂盒类产品，在国外受到了较高的关注和欢迎。很多医疗器械生产企业，其产品相继获得了欧美国家药监机构的批准并大量供货，因此，这些企业的业绩也同样迎来了跨越式发展，有些企业一个季度挣到的钱甚至超过了过去10年的总和。正因如此，抗原检测概念也成为市场上炒作的热点概念，九安医疗就是其中最具代表性的一只，如图2–5所示。

2021年11月之前，九安医疗的股价一直处于下行趋势。11月8日，该股股价跳空高开低走，收出一根放量上升的假阴线。此后，该股股价又经历了几个交易日的横向盘整后，自11月15日开始连续出现涨停。该公司抗原检测试剂盒已在美国市场销售，业绩出现跨越式发展，在该股拉出涨停板时，市场已经对其业绩有所预知，可以非常明显地看出，很多炒作资金是从11月8日开始介入该股的。

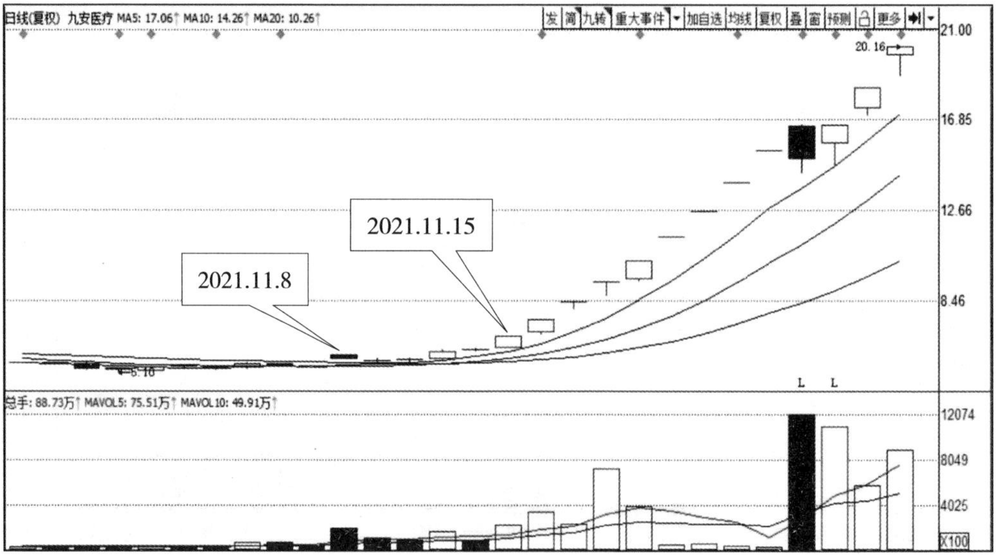

图2–5　九安医疗（002432）日K线走势图

该股与其他被炒作的股票还有一个明显的区别，即这只股票后来的业绩非常漂亮，这就支撑了市场对其后面的持续炒作。在这轮炒作中，该股股价翻了十几倍之多。

三、疾病预防——疫苗概念

疫苗被称为战胜病毒最好的武器。正因如此，当新冠疫情出现后，各国很多大型医药企业都投入了大量的资金进行新冠疫苗的研发。能够率先推出疫苗的企业，必然会独享一段时间内的垄断利润。在这场新冠疫苗研发比赛中，北京生物、武汉生物制品研究所、北京科兴无疑走在了行业的前列。北京科兴公司并未上市，但上市公司中的未名医药却是北京科兴生物的重要股东之一，股权占比达到了26.91%，这就意味着北京科兴公司产生的利润将会有一部分计入未名医药的名下。正因如此，未名医药成为新冠疫苗概念的炒作龙头，如图2-6所示。

未名医药的股价经过一段时间的横盘整理之后，2021年4月23日直接以一字板形式上攻。此后几个交易日，该股股价连续拉出6个涨停板，由此可见该股走势之强。随着该股股价不断涨停，市场上的新冠疫苗概念不断发酵，又有其他股票跟随起涨，但未名医药则是这波行情中当仁不让的“大龙头”。

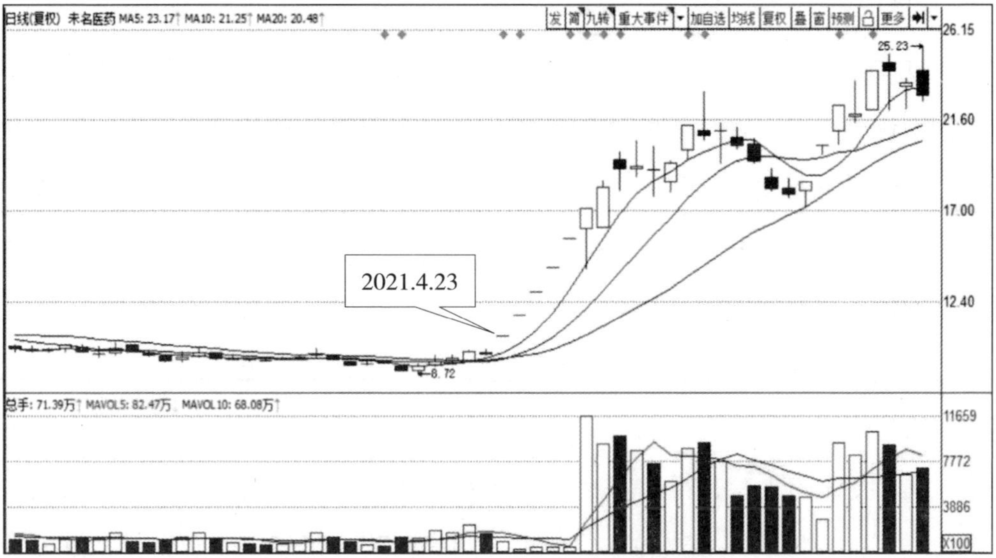

图2-6　未名医药（002581）日K线走势图

第三节　中美博弈

中美关系被称为21世纪最重要的双边关系。近些年来，随着中国经济规模的不断扩大，经济与军事实力不断增强，美国越发担心自己的全球霸主地位受到挑战。为了扼制或减缓中国前进的步伐，近些年来，美国明显加大了对中国的打压力度。这种打压在几个领域表现得尤为明显，比如经贸领域、高科技领域、南海及台海方向，其他一些领域也受到了一定程度的冲击。

美国对中国的无理打压，尽管会对我国的发展产生一定的阻力作用，但这是大国崛起过程中必须要承受的。同时，在美国对中国进行打压或制裁过程中，也会有一些行业从中获益并取得快速发展。

一、高科技竞争——“卡脖子”领域

自2017年特朗普政府上台后，美国政府就开始全方位地打压中国，并将其列为优先任务，中美贸易战随即爆发。中美贸易战涉及方方面面，很多生产厂商的产品都受到了波及，其中最为核心的领域是高科技领域。在中美产业对比中，高新科技产业是美国最具优势的一个领域，也是中国明显落后的一个领域。在高端芯片、国产操作系统、半导体以及高端材料等领域，国内企业水平落后是非常明显的。正因如此，美国制裁的大棒一出手，中兴通讯和华为就遭受了沉重的打击。

从A股市场来看，中美贸易战过渡到科技战，不可避免地会对国内很多科技企业的发展产生刺激作用。比如，在国产软件领域，电脑操作系统市场以及很多工程软件一直被外资企业垄断，美国的制裁让国内企业看到，要想不被美国挟制，就必须发展自主可控的国产操作系统。

中国软件是国产软件开发领域的龙头企业之一，中国软件拥有完整的从操作系统等基础软件、中间件、安全产品到应用系统的业务链条，覆盖税务、党政、交通、知识产权、金融、能源等国民经济的重要领域，是唯一拥有LINUX操作系统的企业。正因如此，中国软件成为国产操作系统炒作行情中的大龙头，在2019年到2020年期间，该股被多次炒作，其股价走势如图2-7所示。

在2019年8月到2020年7月的一年时间里，中国软件的股价受中美贸易战、科技战的影响，先后3次被资金疯狂炒作，每一波段的涨幅都在50%以上，由此可见该股受资金青睐的程度之高。

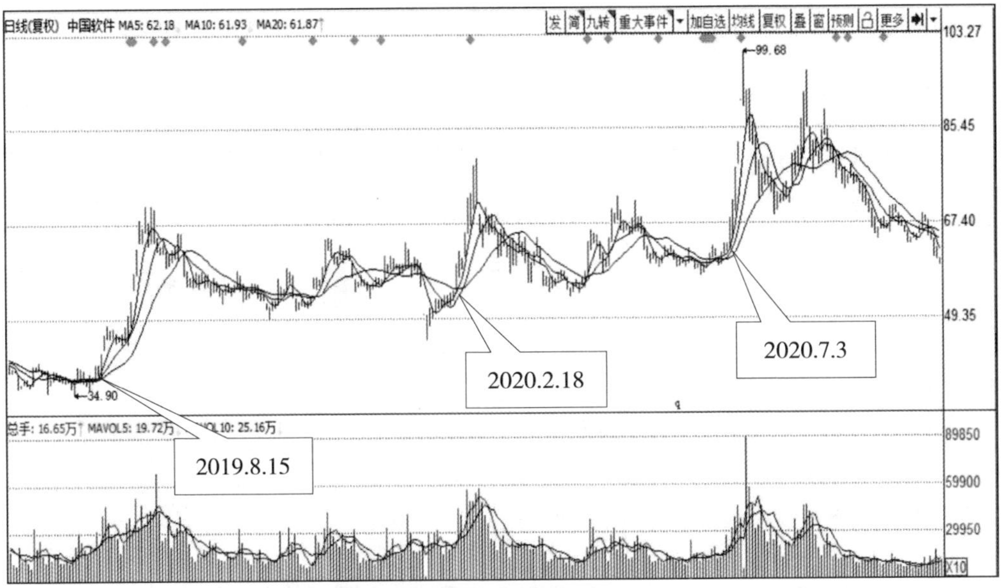

图2-7　中国软件（600536）日K线走势图

二、南海与台海问题——军工概念

除了经济贸易争端外，美国也没有放弃武力威慑中国。最近几年，美国不遗余力地在南海方向、台海方向向中国炫耀武力。随着中国经济的快速发展，国防建设也必须同步提速，只有这样才能应对美国的武力挑衅，这就为国防军工企业提供了较佳的发展契机。

从国内上市公司的角度来看，在南海与台海局势出现紧张的时候，军工行业的股票都可能会有不错的表现机会。

2020年7月初，由于美国的挑动，南海局势持续紧张，军工股迎来了一波久违的上涨行情。在这波上攻行情中，中航沈飞和航天彩虹成为绝对的龙头。

中航沈飞是一家大型现代化飞机制造企业，是我国航空防务装备的主要研制基地，很多现役的主力战斗机都是中航沈飞研发、制造的。在2020年7月南海局势趋于紧张之际，中航沈飞的股价出现了一波大幅上涨行情，如图2-8所示。

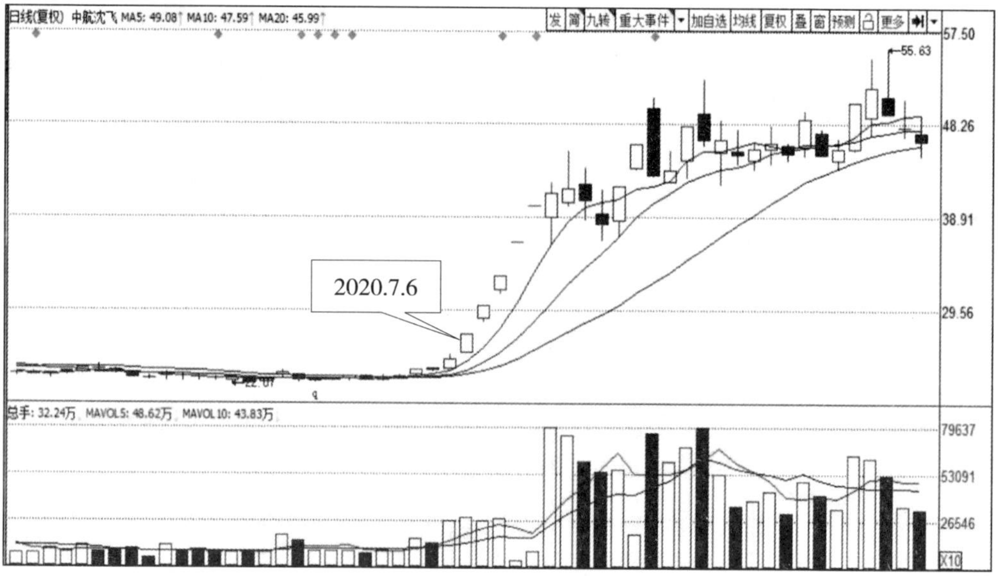

图2-8 中航沈飞（600760）日K线走势图

2020年7月初，中航沈飞的股价出现启动迹象，随着南海局势不断升温，该股逐渐展开上攻态势，并于7月6日收出第一个涨停板。此后，该股股价又连续拉出数个涨停板，十几个交易日股价就翻了1倍有余。

第三章

国家政策与规划

不可否认，我国股市的发展受国家政策和政府管理的影响较大。绝大多数政策与规划影响的范围都比较大，甚至是整个市场，具体到个股就不那么明显了。当然，有些情况下，个别的行业会被重点关注，如国家发布的针对性较强的一些政策、规划，就会对某些行业甚至某些企业产生极大的刺激作用。

第一节　区域或行业规划

国家从全局发展出发，在资源、政策方面可能会有侧重地向某些区域倾斜，以促进这些地区的快速发展，比如东北老工业基地振兴计划、中西部大开发计划等。其中，刺激作用最明显的包括国家级新区建设、自由贸易区建设等。这些规划有个共同的特点，即指向的区域、行业越明显，该地区、行业内的企业受益越明显。

一、国家级新区——雄安新区

国家级新区是国务院批准设立、承担国家重大发展和改革开放战略任务的综合功能区。国家级新区是中国在20世纪90年代初期设立的一种新开发开放与改革的大城市区，比较有代表性的国家级新区包括上海浦东新区、天津滨海新区、重庆两江新区等。这些国家级新区设立后，在经济规划、税收等方面都会获得政策优惠，这对当地的经济发展起到了极大的促进作用。正因如此，股市中的投资者也非常看重国家级新区的设置。

2017年4月1日，中共中央、国务院决定在河北雄县、容城、安新以及周边地区设立“雄安新区”。这一国家级新区的消息顿时引爆了所有与其有关的行业和板块，一时间“雄安概念”风头无二。

由于雄安新区被定位为国家级新区，因此会有大量配套基础设施需要完善，大量工程需要兴建。作为区域内的水泥供应商，金隅股份将会获得巨大利益，因此，该新区规划发布后，金隅股份的股价一飞冲天，如图3-1所示。

自2017年2月22日股价到达阶段高点后，金隅股份的股价出现回调走势，其后该股股价一直呈横盘振荡态势。随着横盘的持续，该股成交量逐渐萎缩，各条均线也逐渐黏合在一起，这说明该股正在选择突破的方向。

2017年4月5日（因清明假期，1日到4日均不开盘交易），在“设立雄安新区”这一利好消息的刺激下，该股股价直接以一字板封住涨停位，其后更是连续拉出7个涨停板，由此可见该消息对金隅股份股价的提振作用之强。

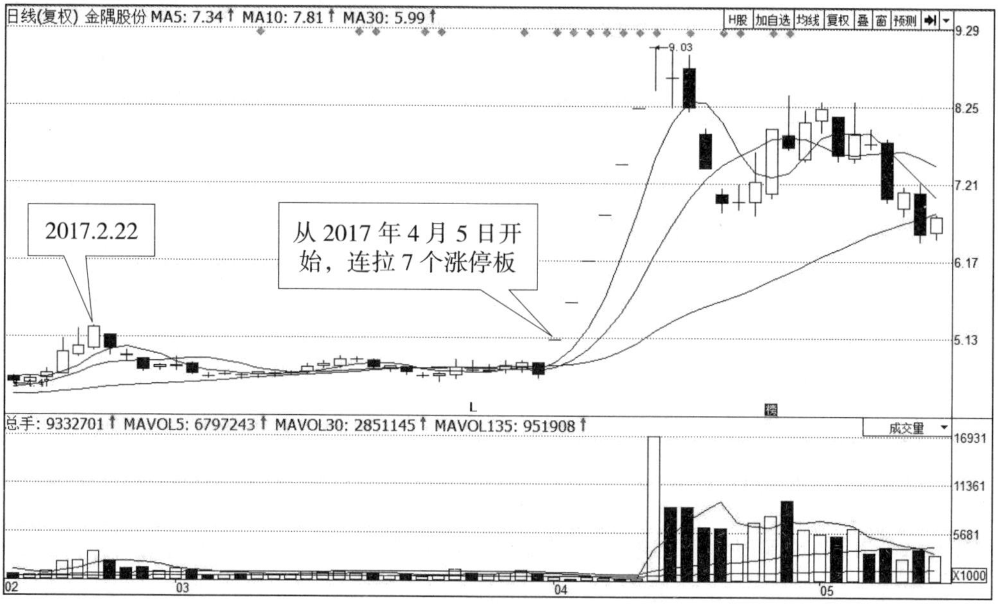

图3-1　金隅股份（601992）日K线走势图

二、自贸区——海南自由贸易港

自贸区是指签订自由贸易协定的成员国相互彻底取消商品贸易中的关税和数量限制，使商品在各成员国之间可以自由流动的一片区域。相对非自贸区来说，自贸区内的商品被取消了关税，因而价格极具竞争力。正因如此，自贸区常常成为购物者的天堂。

自贸区设立后，该区域内的企业将会享受很多优惠政策，因而对企业的业绩会有直接的促进作用。上海自贸区于2013年9月29日正式成立，是我国政府批准设立的第一个综合性的贸易实验区。该自贸区批准前后，相关板块的股票都出现了一波较大的涨幅。其后，国家又陆续设置了几个自贸区。相比其他自贸区，2020年批准设立的海南自由贸易港，在范围上、政策上都明显更具特色。

海南自由贸易港是按照中央部署，在海南全岛建设的自由贸易试验区和中国特色自由贸易港，这是党中央着眼于国际国内发展大局，经过深入研究、统筹考虑、科学谋划，在新的历史时期做出的重大决策。

2020年6月1日，中共中央、国务院印发了《海南自由贸易港建设总体方案》，并发出通知，要求各地区各部门结合实际认真贯彻落实。一时间，海南自贸港概念板块出现了炒作浪潮。

海德股份属于典型的海南本地股，其所处的行业为房地产开发、酒店以及制药等行业，同时还有不良资产管理等业务。海南自贸港的建设将会对该股产生直接利好效应，因而在《海南自由贸易港建设总体方案》印发前后，海德股份的股价出现了一波暴涨行情，如图3-2所示。

2020年5月初，海德股份的股价开始横向筑底走势，股价波动较小，这说明股价正在选择突破方向。到了5月下旬，该股股价突然下挫，给人一种即将向下突破的感觉。有经验的股票投资者大都知道，当主力将要拉升股价时，往往会先向下打压，制造一个诱空陷阱。此时，投资者要密切关注股价的变化。

2020年5月27日，该股股价突然放量拉升至涨停板。当时市场就有传闻说海南自贸港相关规划文件将要出台，此后几个交易日，该股股价连续拉出涨停板。到了6月1日，相关规划文件正式出台，该股股价又连续拉出两个涨停板，之后拉升阶段结束，股价进入高位调整走势。

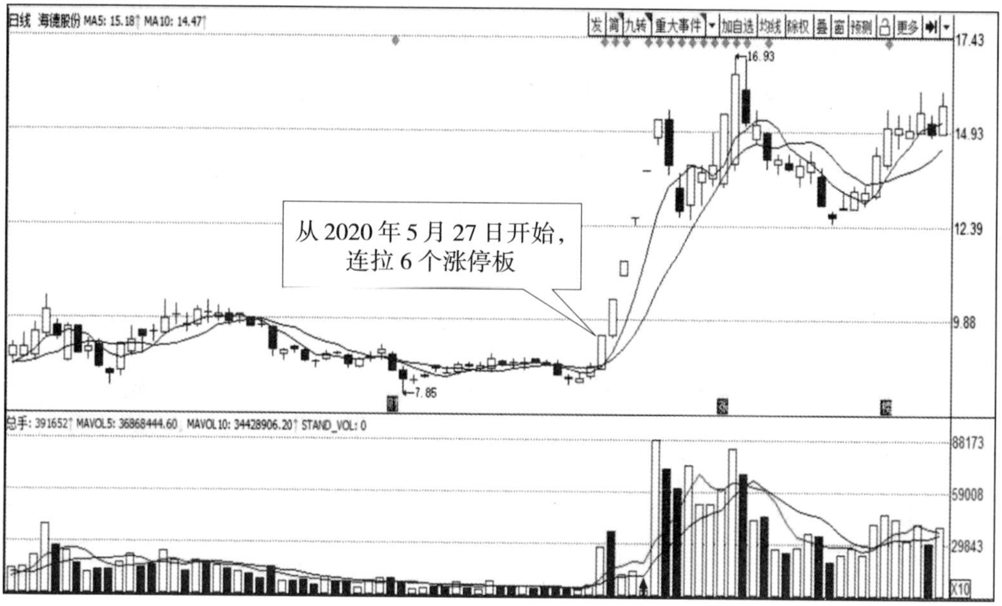

图3-2　海德股份（000567）日K线走势图

第二节　行业与产业规划

为了推动产业战略转型，引导相关行业的发展，国家会在不同时期发布若干产业发展规划。

如果以产业发展规划为标尺选择涨停股，投资者应该重点考虑以下3点。

第一，该股票所属产业是否属于国家重点扶持的产业。同样是产业规划，层次不一样，国家的扶持力度也会有区别。例如，有的产业规划涉及国家产业布局以及产业战略转型，国家的扶持力度就会比较大。其实，炒作国家产业发展规划与区域发展规划类似，炒作的都是对未来的某种预期，至于外界条件的利好能否转化为企业的现实收益，还要看企业自身的经营状况、外部的市场竞争环境等。

第二，该企业的产品是否符合产业政策的相关要求。只有优质的产品，国家才会扶持，才会保护，因此，生产优质产品的企业将会获得更多的扶持政策。相关产业政策出台时，投资者一定要研究板块内各个企业生产产品的类型、属性以及产品质量，为自己的投资“把好关”。

第三，挑选走势最强的股票。在一项产业政策发布前后，市场都会掀起一波炒作热潮，这股热潮少则持续几个交易日，多则十几个交易日。投资者可以在股价启动后第一时间选择走势最强的股票。“强者恒强”是股市永恒的规律，投资者不能指望弱者变强，因为那会浪费许多时间。

一、振兴乡村产业——农机概念

近些年来，随着国民经济的持续快速发展，人民生活水平得到了较大的提升，但占人口和土地面积绝大多数的农村地区，与城市的差距还很大。为了加速农村经济的发展，国家出台了一系列振兴乡村的产业规划与政策。

2020年7月中旬，农业农村部印发《全国乡村产业发展规划（2020—2025年）》（以下简称《规划》）。《规划》要求：推进聚集发展，集聚资源、集中力量，建设富有特色、规模适中、带动力强的特色产业集聚区。用3至5年的时间，培育一批产值超1亿元的特色产业专业村，培育一批产值超10亿元的农业产业强镇，培育一批产值超100亿元的现代农业产业园，培育一批产值超1000亿元的骨干优势特色产业集群，培育一批产值超100亿元的优势特色产业集群。

一拖股份主要从事农业机械、动力机械及零部件产品的研发、制造和销售，大中型拖拉机及非道路柴油机均处于行业领先地位；主要生产各类轮式拖拉机、履带式拖拉机、柴油机等；适用于农业运输、耕种环节。也就是说，对于一拖股份来说，这份乡村产业发展规划，对其业绩具有很大的提振作用，因此，从2020年7月下旬开始，一拖股份连续拉出了多个涨停板，如图3-3所示。

2020年7月下旬，《规划》刚印发时，一拖股份的股价并未表现得有多积极，而是反向向下运行。到了7月22日，市场对乡村产业规划的解读与炒作开始升温，一拖股份在开盘后不久就封上了涨停板，其后更是连续拉出了3个涨停板。

7月27日，一拖股份的股价冲击涨停未果，在K线图上留下了一根长长的上影线，投资者应该能够预感到可能到来的风险。此后，该股股价出现了一波振荡回调走势。

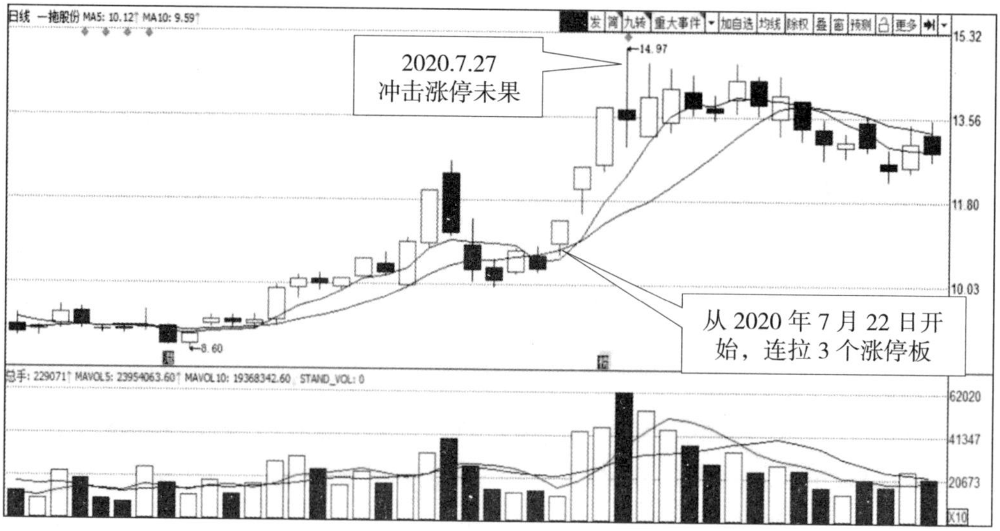

图3-3　一拖股份（601038）日K线走势图

二、创造就业机会——地摊经济

地摊经济是指通过摆地摊获得收入来源而形成的一种经济形式。长期以来，由于地摊经济对城市市容市貌有影响，因而并不受重视，但地摊经济仍旧保持了强大的生命力。进入2020年以后，受新冠疫情的影响，就业形势变得越发严峻，地摊经济在创造就业岗位方面的优势得以凸显。

2020年5月27日，中央文明办明确规定，在2020年全国文明城市测评指标中，不再将马路市场、流动商贩列为文明城市测评考核内容。

2020年6月1日，国务院总理李克强在山东烟台考察时曾经到过地摊，了解地摊的经营情况。李克强说："地摊经济、小店经济是就业岗位的重要来源，是人间的烟火，和'高大上'一样，是中国的生机。"一时间，地摊经济成为股市中最热门的概念，地摊概念板块股票掀起了一轮暴涨走势。

小商品城是地摊经济中非常有代表性的一只股票，由于其是国内最大的小商品交易平台之一，很多地摊从业人员都从小商品城进货，因而当地摊经济概念启动时，小商品城第一时间成为领涨的龙头股，如图3-4所示。

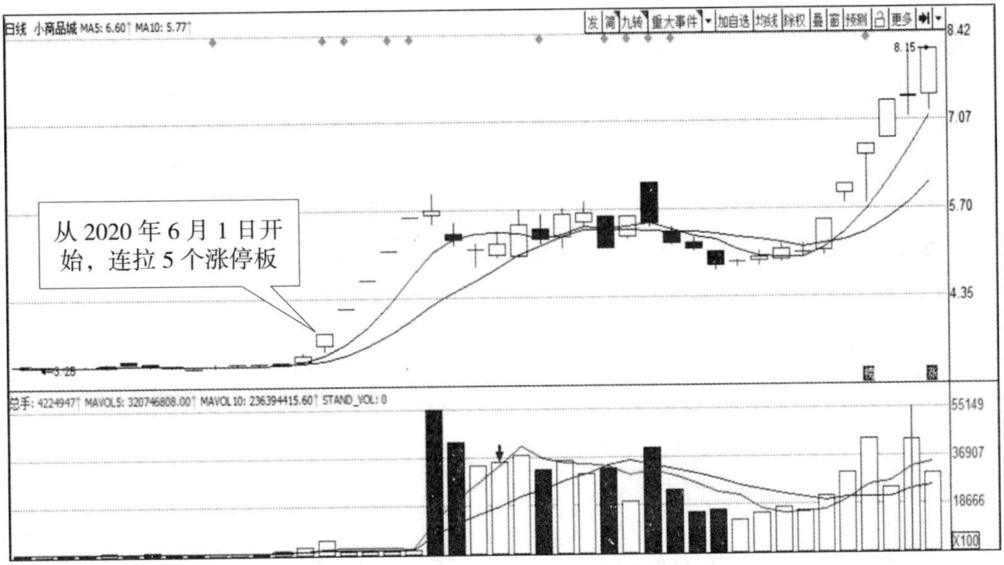

图3-4　小商品城（600415）日K线走势图

从图3-4中可以看出，小商品城的股价自2020年6月1日启动，至6月5日拉出第五个涨停板，由此可见该股股价走势之强。

再来看一下地摊经济概念板块中的另一只股票迪马股份。迪马股份是一家专用车生产企业，有多种餐饮车在售。由于很多地摊餐饮都需要餐饮车，因而迪马股份成为地摊经济概念的热门股票。

下面来看一下该股的日K线走势情况，如图3-5所示。迪马股份的股价也是自2020年6月1日启动。不过，该股股价当日并未涨停，直到6月3日才拉出第一个涨停板。其后的6月5日，该股平开低走，并以接近跌停的价格收盘。

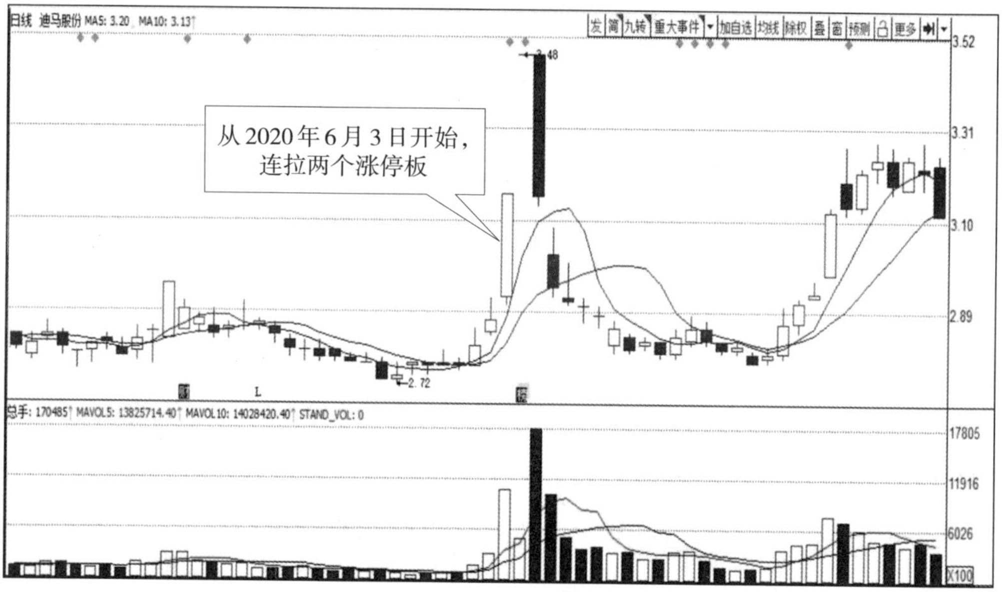

图3-5 迪马股份（600565）日K线走势图

总体上来看，尽管迪马股份与小商品城同属地摊经济概念，但涨幅差距很大。下面来对比一下二者的基本情况。

第一，从题材切合度来看，小商品城无疑是比迪马股份更加合适的标的。毕竟地摊经济经营的商品需要从小商品城进货，而且具有可持续性。而迪马股份提供的餐饮车仅为一部分摊点的需求品，并且属于一次性投资品。

第二，从盘子大小来看，小商品城的总股份数为54.43亿股，启动前价格（5月29日收盘价）为3.45元，总市值为187.78亿元；迪马股份的总股份数为24.36亿股，启动前价格（5月29日收盘价）为2.76元，总市值为67.23亿元。也就是说，从盘子大小来看，迪马股份的盘子更小。不过，鉴于当时市场每天1万亿元的总交易量来看，小商品城187.78亿元的市值也并不是很高，很多游资都可以撬动这类股票。

第三，从股票知名度来看，小商品城从名称上要比迪马股份更加符合地摊经济的概念，也更容易成为游资追捧的标的。

基于以上分析，在地摊经济炒作的浪潮中，小商品城是一只绝对的龙头股，是参与炒作的首选标的，而迪马股份只是跟随者。

三、算力工程——东数西算

“东数西算”即“东数西算工程”，指通过构建数据中心、云计算、大数据一体化的新型算力网络体系，将东部算力需求有序引导到西部，优化数据中心建设布局，促进东西部协同联动。

2022年2月，在京津冀、长三角、粤港澳大湾区、成渝、内蒙古、贵州、甘肃、宁夏8地启动建设国家算力枢纽节点，并规划了10个国家数据中心集群。

2022年3月，提请十三届全国人大五次会议审查的计划报告提出，实施“东数西算”工程，数字时代正在召唤一张高效率的“算力网”。“东数西算”是把东部密集的算力需求有序引导到西部，使数据要素跨域流动。

很多“东数西算”概念股就在这种背景之下被点燃了，新炬网络就是其中一只。2022年年初，“东数西算”概念成为市场热点后，新炬网络自然成为攻击对象。新炬网络的股价在2022年初期经过一波拉升，很多国内一线顶级游资也介入了该股。如图3-6所示。

2021年年底，新炬网络的股价调整到位后，从2022年1月中旬启动了一波上升行情。该股股价自1月21日涨停开始，连续拉出4个涨停板，是当时东数西算概念的大龙头。

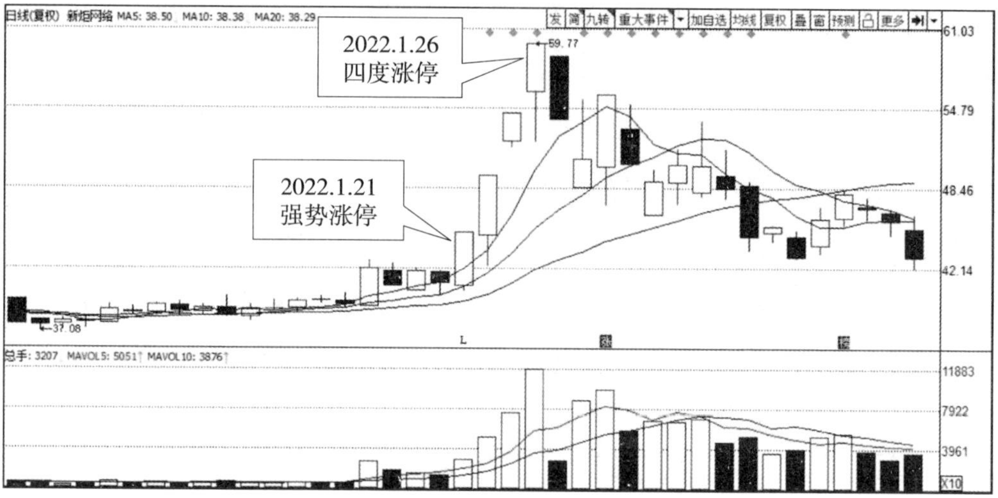

图3-6　新炬网络（605398）日K线走势图

第三节　“两会”与中央经济工作会议

“两会”是指全国人民代表大会和中国人民政治协商会议。这两个大型会议都是每年3月上旬召开，每5年为一届。

中央经济工作会议是中央政治局召开的专门会议，是判断当下经济形势，定调第二年宏观经济政策最权威的风向标，一般每年的12月中旬召开。

一、“两会”核心话题——三胎概念

通常来说，两会讨论的多为国家的大政方针。比如，人民代表大会的议程包括制定或修改宪法或某些法律、审议政府工作报告、审议政府计划与预算等，中国人民政治协商会议的主要职能为政治协商、民主监督、参政议政。

为了更好地履行人大代表和政协委员职能，每年两会期间，代表和委员们会对人民群众集中反映的热点诉求、意见、建议进行汇总整理，有些建议会被整理成具体的提案，交给大会讨论或送交专门的政府机关处理，这其中可能包含一些对某些行业利好的消息。比如，之前的国企改革、科技创新、碳中和等议题，都曾在两会期间引起热议。

2022年3月初，“两会”期间，鉴于新生儿出生数量持续下滑，人口老龄化严重，因而社会上放开“三胎”的呼声非常高。正因如此，“三胎”提案被很多代表和委员带入了“两会”。

随着“三胎”话题持续升温，股市中与“三胎”有关的概念题材，如辅助生殖健康、三孩概念股成为热门品种，纷纷出现大幅上涨走势，长江健康就是其中典型的一只。

长江健康是一家从事医药制造业务及机械制造业务的企业，其旗下产业涉及了妇产医院以及辅助生殖等业务。2022年3月，借助“两会”期间的“三胎”概念，该股成为当时的热炒龙头股。

2022年3月初，全国“两会”大幕徐徐拉开。3月4日，中国人民政治协商会议召开；3月5日，全国人民代表大会正式开幕。

如图3-7所示，2022年3月之前，长江健康的股价一直呈横向振荡走势。3月4日，该股股价在“三胎”消息热炒的刺激下强势涨停。此后的几个交易日，该股股价又连续出现了多个涨停板。

当然，每年“两会”的热门概念都会有所不同，却有很多值得挖掘的题材。

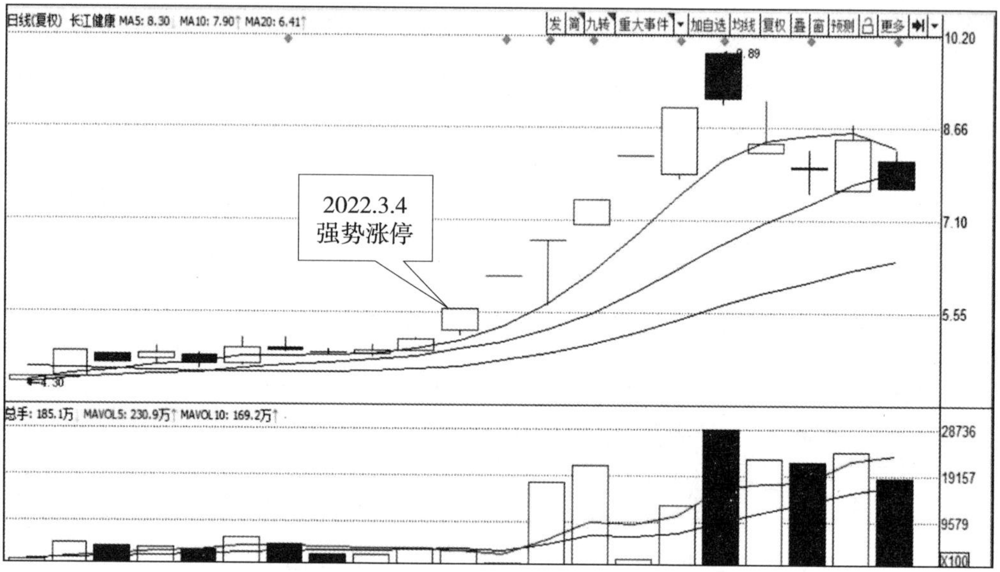

图3-7 长江健康（002435）日K线走势图

二、中央经济工作会议——基建概念

中央经济工作会议每年召开一次，是全年规格最高的经济会议。通过中央经济工作会议总结一年来的成绩和经验，部署安排来年的相关工作，已经成为党治国理政的重要制度安排。

在2021年的中央经济工作会议上，针对房地产领域的调控提出了一些新的表述，即“支持商品房市场更好地满足购房者合理的购房需求，因城施策，促进房地产良性循环和健康发展”。随后，一些城市提出了具体的房地产业松绑的措施，让市场产生了“房地产松绑”的想象空间。于是，一波以房地产、基建为主线的炒作浪潮开始了。

当时，由于房地产调控政策持续发力，加之在金融监管领域对房地产开发企业进行“三条红线”控制，使得很多房地产企业经营压力大增，很多房地产企业的股价持续低迷。2021年中央经济工作会议对房地产行业的阐述，无疑给房地产业注入了一剂“强心针”。当然，中央经济工作会议对房地产行业定位的调整，实质上市场已经有了一定的预期。

下面来看一下中交地产的股价走势情况，如图3–8所示。

中交地产的股价经历了长期的下跌与盘整后，2021年12月6日突然启动强攻，并封于涨停板。12月7日，该股股价再度封板。12月8日，中央经济工作会议召开，而当天股价冲高回落，并未封住涨停板。此后，该股股价走出振荡上升走势。

从该股股价的走势可以看出，实际上，市场对中央经济工作会议的内容是有一定预期的。房地产松绑已经成为当时最为关注的一个问题，而且由于新冠疫情的影响，国内消费不振，急需基建投资拉动经济。

12月8日，当中央经济工作会议召开，确认了这一行业的利好消息后，很多获利盘就兑现利好撤出了，这也比较符合短线资金炒作的特点。不过，鉴于中央经济工作会议的定调，房地产行业的基本面得到了极大的改善，这引爆了后面的基建与房地产板块持续上攻行情。

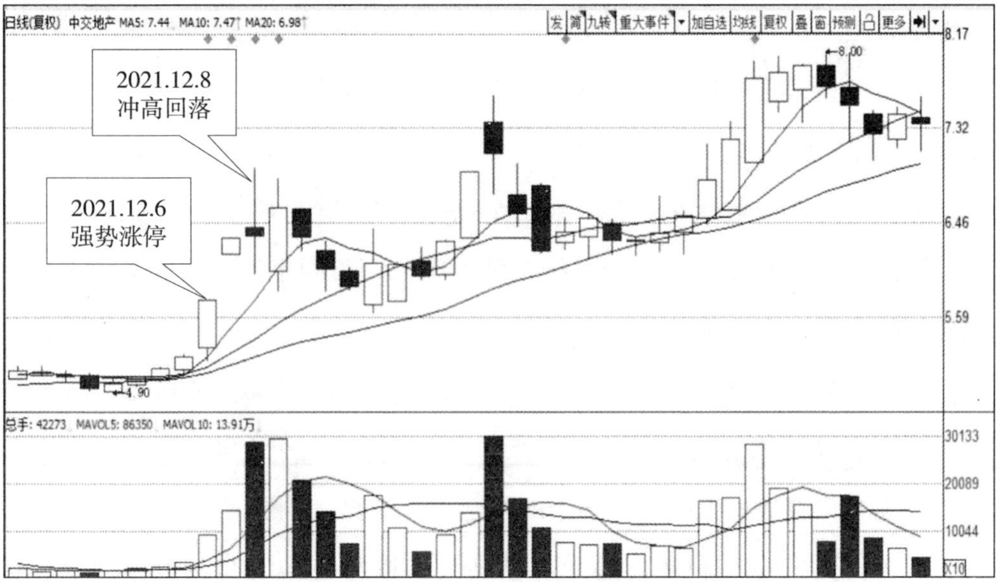

图3–8　中交地产（000736）日K线走势图

第四节　各类金融政策

中央政府和央行会根据国民经济的运行情况，适时适度调整各类金融政策。尽管这些金融政策是从全局入手制定的，但会对相关行业产生一定的直接影响。

一、利率与存款准备金率——房地产概念

一般情况下，若中央银行执行宽松的货币政策，即“放松银根”，就会引起货币投放量增加，从而促使市场上的资金量增多，股市出现上涨的可能性就会增大；反之，若中央银行执行紧缩的货币政策，即“紧缩银根”，就会引起货币投放量减少，从而促使市场上的资金量减少，股市出现下跌的可能性就会增大。

判断中央银行执行的是宽松的货币政策还是紧缩的货币政策，其依据主要包括以下3点。

第一，存款准备金率。存款准备金是指金融机构为保证客户提取存款和资金清算需要而在中央银行准备的存款。中央银行要求的存款准备金占其存款总额的比例就是存款准备金率。

若中央银行提高各个金融机构的存款准备金率，则意味着收缩银根，市场上的资金供应量会减少；反之，若中央银行降低各个金融机构的存款准备金率，则意味着放松银根，市场上的资金供应量会增加。

第二，央行基准利率。基准利率是人民银行公布的商业银行存款、贷款、贴现等业务的指导性利率，存款利率暂时不能上下浮动，贷款利率可以

在基准利率基础上下浮10%。

当中央银行提高基准利率时，就意味着紧缩银根，也就意味着更多的投资者愿意把钱放到银行储蓄起来，从银行贷款的人会减少，也就减少了市场上流动的货币量；反之，当中央银行降低基准利率时，就意味着放松银根，也就意味着更多的投资者愿意把钱从银行取出来做投资，从银行贷款的人会增加，也就增加了市场上流动的货币量。

第三，其他因素。除了存款准备金率和央行基准利率之外，对股市资金量构成影响的因素还包括中央银行的再贴现率，以及外汇进出情况。

中央银行提高再贴现率，意味着收紧银根，市场资金供给量将减少；反之，中央银行降低再贴现率，意味着放松银根，市场资金供给量将会增加。

外汇进出同样会对股市资金供给量造成影响。以美元为例，当贸易存在顺差或者热钱持续流入时，即美元持续流入时，央行需要付出人民币来换美元，相当于释放了人民币的流动性；当贸易存在逆差或者热钱流出时，即美元持续流出时，央行需要付出外汇购进人民币，相当于回收了人民币的流动性。

从市场的角度来看，降息主要利好银行、券商、房地产、有色金属等权重板块。这也是每次降息预期出现后，相关板块就会出现上涨的原因。当然，具体到降息落地的当日，则有可能出现高开低走的情况，这与降息的背景有直接的关系。也就是说，央行之所以降息，本身就是由于经济处于不景气周期，需要用降息来刺激投资，但经济不景气的情况又不可能通过一次降息解除。这就造成了降息当天很多受利好刺激的板块高开后，获利资金选择出逃，股价则出现回落的走势。

2022年4月13日，国务院总理李克强主持召开国务院常务会议。会议决定，针对当前的形势变化，鼓励拨备水平较高的大型银行有序降低拨备率，适时运用降准等货币政策工具，进一步加大金融对实体经济，特别是受疫情影响较大的行业和中小微企业、个体工商户的支持力度，向实体经济合理让利，降低综合融资成本。

一时间，市场上对降息的预期开始升温。而降息最直接利好的一个产业就是房地产行业，毕竟整个行业需要大量的融资。降息就意味着融资成本大幅降低。同时，绝大多数商品房购买者都是通过银行贷款购房的，而降息可以刺激其购买需求。

下面来看一下京能置业的案例，如图3-9所示。

京能置业是一家典型的房地产开发企业。2022年4月13日前，该股股价出现了一波大幅下跌走势。4月13日，在降息预期的刺激下，股价直接上攻并封住了涨停板，此后的两个交易日，股价连续涨停。

不过，这种利好的刺激毕竟是短暂的，当股价不再涨停后，立即转入了下行通道。

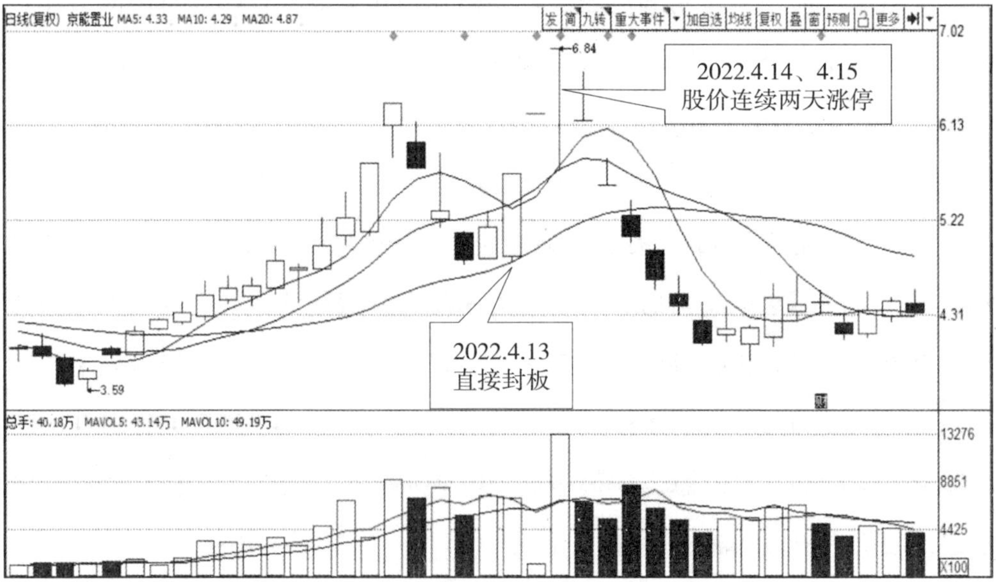

图3-9　京能置业（600791）日K线走势图

二、印花税——券商概念

在市场上，印花税特指证券交易印花税。印花税是交易双方在签订交易合同时，为了保证交易合约的合法性而缴纳的费用。由于目前的证券交易均为无纸化交易，大家感觉不到，但在交易过程中，仍需要缴纳这部分“税费”。

A股市场与欧美等国的市场有个明显的不同，即在A股市场上交易者以散户居多，印花税就成了散户交易成本中非常重要的一部分。政府常常用调整印花税税率和征收方式来调节市场情绪。比如：当市场情绪过热时，政府可能会提高印花税税率；反之，当市场过冷，交易清淡时，政府可能会降低印花税税率。

同时，印花税税率之前还经历过由双方征收（买卖双方都需要交税）转变为单方征收（卖方交税）的变更。从以往的印花税调整来看，对股市的影响往往是立竿见影的，即当印花税税率提高时，市场往往会转入下行；反之，则可能会走高。印花税税率调整后，受影响最大的就是普通散户。从上市公司来看，券商所受的影响更为直接，毕竟散户的交易量直接决定了其收入和利润。

不过，以后调整印花税的概率在逐渐走低，最近一次调整证券交易印花税还是2008年的事。2008年9月19日起，印花税由双方征收改为单方征收，税率保持1‰，由出让方按1‰的税率缴纳股票交易印花税，受让方不再征收。2008年9月22日，上证指数直接上涨了7.77%，由此可见大盘走势之强。调整印花税，使整个市场都受到了影响，其中券商是最大得利者。

中信证券这只券商行业的龙头股，在该次印花税调整时，连续数个交易日涨停，如图3-10所示。

2008年9月下旬之前，中信证券的股价呈现振荡走低的态势。2008年9月19日，该股股价直接一字封于涨停板。当晚，有关部门就宣布了印花税单边征收的消息。次日，该股股价再度封于涨停板，由此可见该消息对券商股的刺激作用之强。不过，从中信证券的走势可以看出，在9月19日晚上印花税单边征收消息出来之前，市场就已经有了感知，否则中信证券这种大盘股当日不会直线封涨停。

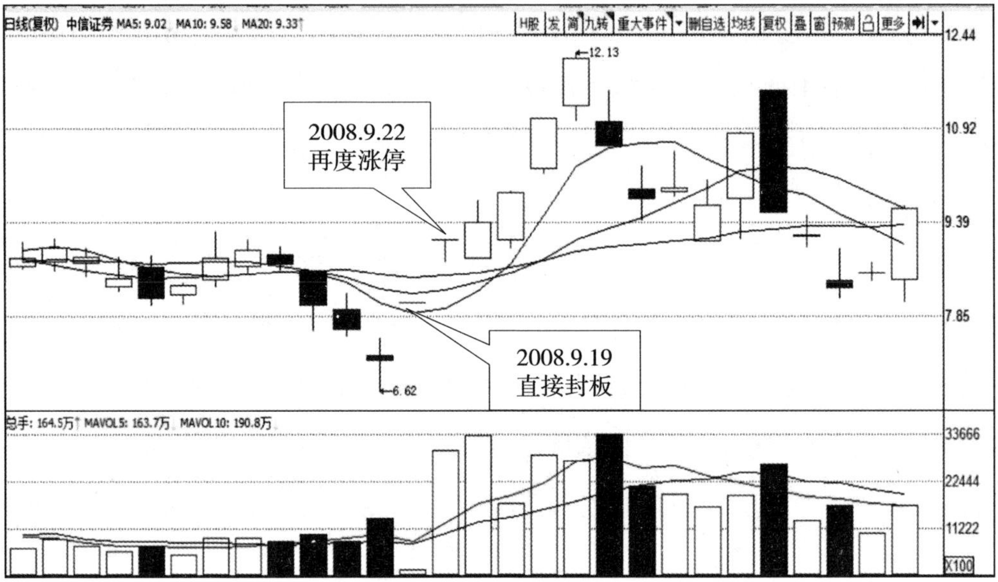

图3-10　中信证券（600030）日K线走势图

三、人民币汇率——外贸概念

汇率是指一国货币与另外一国货币兑换的比率。人民币汇率是指人民币与其他外币的兑换比率。由于美元在世界各国储备货币中占有最大的比重，因此常说的人民币汇率是指美元对人民币的汇率。比如，2022年6月29日，人民币与美元兑换比率为1:0.149，即1元人民币可以兑换0.149美元，反过来就是1美元可以兑换6.7元人民币。

通常来说，从股市的角度来看，人民币汇率波动的影响主要来自两个方面。

第一，外资的流动。

在A股市场上，外资是非常重要的一部分资金来源。最近一些年来，随着我国经济的不断发展，外资对我国股市是持续看好的，因而外资不断流入A股市场。其实，这与我国人民币汇率长久保持稳定也有一定的关系。

当我国货币汇率持续贬值时，外资就会倾向于流出A股市场，毕竟手中股票的价值会随之贬值；反之，当我国货币汇率升值时，外资就会倾向于流入A股市场。也就是说，当人民币持续升值时，外资倾向于流入市场，A股获得的外部资金流入较多，股市向上的概率更高；反之，则向下的概率更高。

第二，外贸企业。

我国是一个出口大国，而且一直以来，出口都是拉动我国经济发展的重要推动力量。对出口企业来说，人民币汇率的变化对企业的盈利具有重要的影响。

当人民币持续贬值时，出口企业获得的外币可以兑换更多的人民币，这就相当于企业的利润增加了；反之，当人民币升值时，出口企业的压力就会增加，就相当于减少了一部分收入。

2022年4月，人民币对美元的汇率持续下降，相对美元，人民币出现了大幅贬值。对于各类出口贸易企业来说，这是一个相当大的利好，特别是纺织、服装外贸企业受益明显，华升股份就是其中最为典型的企业。华升股份是一家麻纱、面料及服装家纺供应商，其主要收入中的85%以上来自境外。因此，2022年3月下旬，在人民币持续贬值的影响下，该公司的股票持续上攻，如图3–11所示。

在人民币贬值的利好刺激下，2022年3月24日，华升股份的股价强势涨停。此后的3个交易日，该股股价更是连续拉出3个涨停板，多家国内顶级游资机构参与了对该股的炒作，由此可见人民币贬值对这类外贸企业的影响之大。

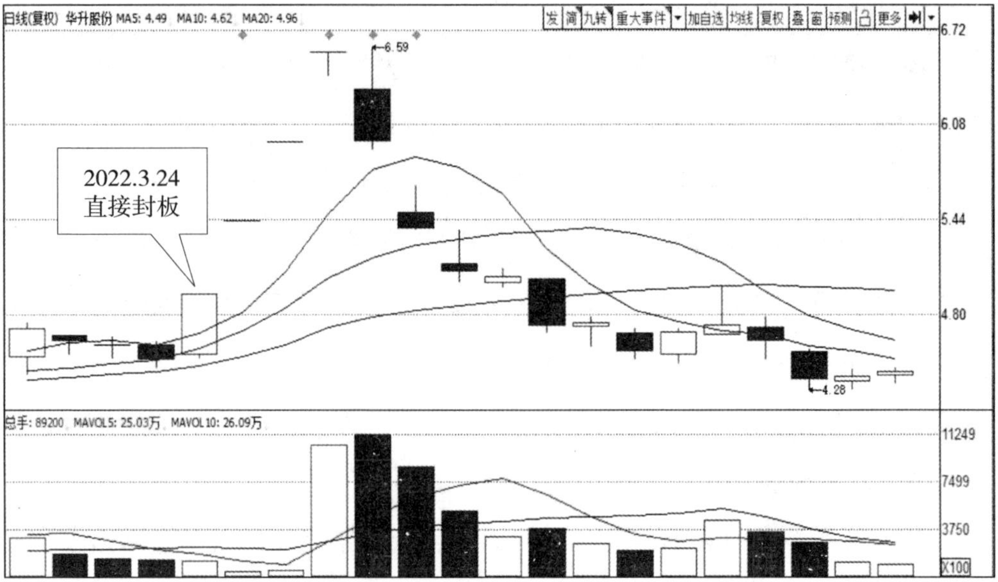

图3-11 华升股份（600156）日K线走势图

第四章

解构上市公司

上市公司本身基本面发生改变，也是资金炒作的主要对象。特别是能够引起上市公司整个经营情况改变的事件，更容易引起资金的关注。

第一节　兼并与重组

对于上市公司来说，没有什么比兼并、重组引发的话题更多。特别是有些企业跨界兼并与重组，若是能够涉及知名标的，更容易引发资金的热炒。兼并与重组，意味着上市公司的经营方向将会发生较大的变化，这对上市公司来说，几乎相当于其内部价值面临一次重构。当然，这里指的是具有较大意义的兼并与重组，若只是对一些微不足道的小公司进行重组，则意义不大。

一、跨界兼并——大豪科技收购红星二锅头

跨界兼并，即兼并企业和被兼并企业分别从属于不同的行业或领域。跨界兼并本身是上市公司扩展业务范围的一种有效方式。但由于未来的融合与协同发展可能会遇到一些困难与障碍，因而很多投资者往往会采取比较审慎的态度来看待跨界兼并。当然，若上市公司跨界进入一些朝阳产业，或被兼并的对象属于优质资产，则市场是会给予积极评价的。

同时，跨界兼并，尤其是一些大型的跨界兼并完成后，市场会对上市公司的估值进行调整，很多股票会出现连续涨停或跌停，就是基于这个原因。

经典概念股大豪科技，本是一家从事纺织机械设备研发与生产的企业。

长期以来，该公司的业绩一般，股价基本维持在较低的水平。2020年11月25日，该公司的一纸公告，将股价直接“送至”涨停板位置。

当日，该公司宣布：“该公司筹划以发行股份的方式购买控股股东北京一轻控股有限责任公司持有的北京一轻资产经营管理有限公司100%的股权，并向北京京泰投资管理中心以发行股份的方式购买其持有的北京红星股份有限公司45%的股份。”北京红星股份有限公司旗下最知名的产品莫过于红星二锅头。北京红星二锅头在白酒行业里的知名度非常高，而且拥有极佳的口碑。大豪科技收购红星二锅头，就意味着该公司将从纺织机械设备生产跨界至白酒领域。

下面来看一下大豪科技的股价走势情况，如图4-1所示。

大豪科技的股价经过一段时间的振荡调整后，2021年11月23日强势放量涨停。当日收盘后，该股宣布停牌并谋划重组事宜。从当日的股价走势情况来看，市场已经有一部分资金先知先觉地入场买入了该股。

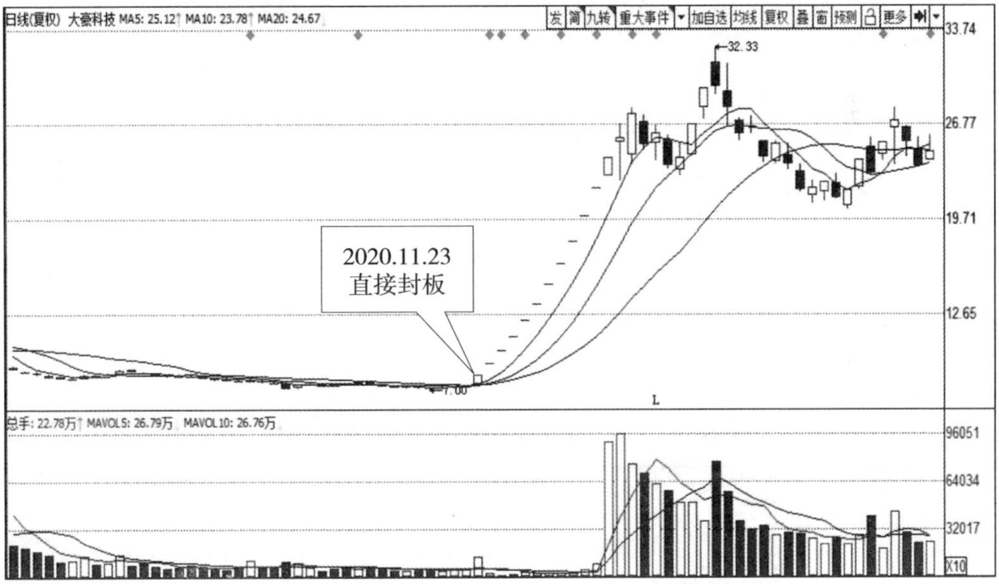

图4-1　大豪科技（603025）日K线走势图

此后，该股复牌后又连续拉出10多个涨停板，由此可见这次收购行为对股价的提振作用之强。

二、背靠大树——金种子酒被华润收购

上市公司通过收购兼并可以拓展新业务，打开企业利润的上行空间。反过来说，若上市公司能够被某些资金实力较强的大集团收购，就相当于靠上了一棵大树，对企业未来发展无疑是一个大大的利好。

经典概念股金种子酒在2022年2月16日发布公告称："2022年2月16日，安徽金种子酒业股份有限公司（下称'公司'）收到公司控股股东——安徽金种子集团有限公司的通知，为推动国有企业深化改革和高质量发展需要，公司控股股东金种子集团之唯一股东阜阳投资发展集团有限公司（以下简称'阜阳投发'）拟按照《企业国有资产交易监督管理办法》等法律法规，以非公开协议转让方式将所持金种子集团49%的股权转让给华润（集团）有限公司之全资附属企业华润战略投资有限公司（简称'华润战投'）。"

这就意味着股权转让完成后，金种子酒的控股股东将会变更为华润战投，该公司也就成为华润系的一员。鉴于华润系在国内市场的资金实力以及业务版图情况，无疑会有助于金种子酒的长远发展。

正因如此，市场捕捉到该企业的股权即将转手的消息后，股价瞬间被拉升至涨停板，如图4-2所示。

2022年2月中旬以前，金种子酒的股价随着白酒板块的下行而逐渐走低。2月16日，该股股价强势上攻并封于涨停板，当日，该股就发布了将要转让股权的公告。此后，该股股价又连续出现了一波大幅拉升走势。由此可见，市场对该股本次股权转让是十分看好的。

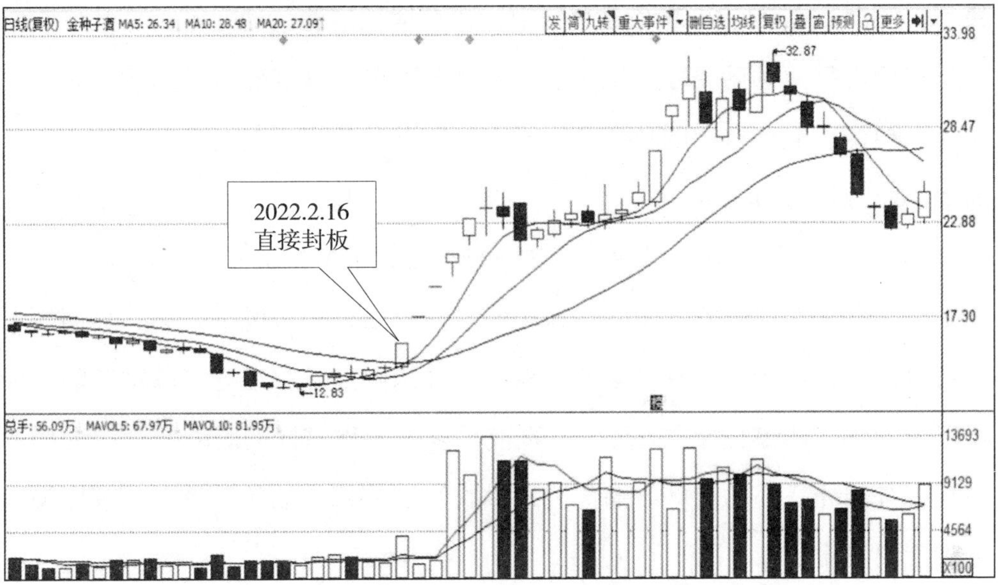

图4-2　金种子酒（600199）日K线走势图

第二节　业务新增与剥离

上市公司业务范围的增加与减少，很少会立竿见影地起到抬升企业业绩的效果，但可能会引发市场无限的想象空间。市场上的游资又是最看重这种想象空间的，只要给他们一个机会，他们就可以疯狂地拉升股价。

一、剥离业务——顺鑫农业剥离房地产

剥离业务，是上市公司瘦身和聚焦主业的一种手段。通常情况下，剥离业务特别是剥离一些亏损业务，对上市公司来说，往往就是一个大大的利好。

经典概念股顺鑫农业，是一家以白酒、生猪饲养为主营业务的农业产业

集团。同时，在该企业的经营业务中，还有房地产等其他业务。近几年来，由于房地产行业频遭调控，该企业的房地产业务一直经营得不理想，并且从整体上拉低了顺鑫农业的净资产收益率。因此，市场上一直有希望该公司将房地产业务剥离的呼声。

2021年12月1日晚，顺鑫农业的一纸公告让很多投资者的心愿实现了。

“为聚焦主营业务，北京顺鑫农业股份有限公司（以下简称‘公司’）拟通过产权交易所，公开挂牌转让持有的北京顺鑫佳宇房地产开发有限公司（以下简称‘顺鑫佳宇’）100%股权（以下简称‘标的股权’），为标的股权公开转让交易的启动所需，公司本次通过产权交易所操作本次预挂牌以征集意向受让信息。”

下面来看一下顺鑫农业的股价走势情况，如图4-3所示。

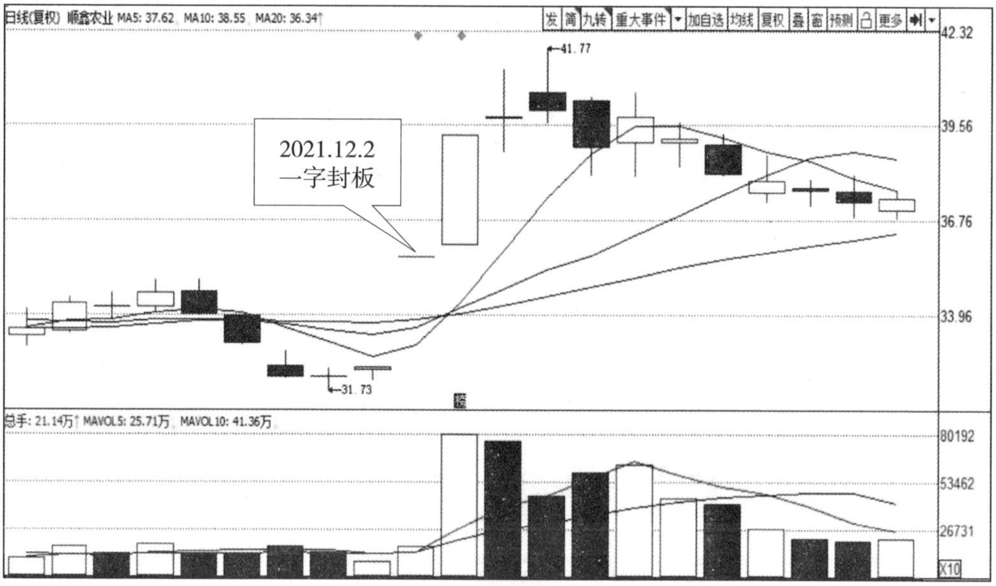

图4-3 顺鑫农业（000860）日K线走势图

2021年11月底到12月初期间，顺鑫农业的股价出现了一波大幅下跌走势。12月1日晚，顺鑫农业发布了拟转让房地产业务的公告。12月2日，该股直接以一字板开盘并持续至收盘。12月3日，该股再度涨停。由此可见，转让一个拖企业后腿的业务，对提振股价的作用是相当强的。

二、新增业务——江苏阳光涉足光伏产业

新增业务，是上市公司扩展业务版图最主要的一种方式。若上市公司介入的新业务领域属于市场上热炒的某类概念，势必会引发市场对该企业的炒作。

经典概念股江苏阳光是一家从事呢绒面料和电汽生产与销售的企业，属于典型的纺织制造企业。该公司的基本面一般，股价也一直在低位盘整。

2022年3月8日，江苏阳光发布公告，正式进入光伏行业。

“为提升公司的综合竞争力和盈利能力，江苏阳光拟在内蒙古设立全资子公司内蒙古古澄安新能源有限公司，注册资本20亿元。主营业务范围包括单晶硅棒、单晶硅片、多晶硅棒、多晶硅片、太阳能电池组件的研究、生产、加工和销售；太阳能发电技术服务；光伏设备及元器件销售；光伏电站投资运营等。”

该公司的股票随即被引爆，直接走出了一波快速冲高行情，如图4-4所示。

2022年年初，江苏阳光的股价出现了一波横盘走势。2022年3月8日，江苏阳光发布了介入光伏业务的公告。当时光伏概念属于市场的热门概念，很多介入该领域的企业，股票价格都出现了大幅上攻。该公司可谓是蹭了一下当时的热点，3月9日，该股直接以一字板开盘并持续至收盘。3月10日、11日，该股两度涨停。

尽管该企业只是想要介入光伏业务，并且连介入该领域的资金都没有准备，更不用说收益了，但这个公告还是给了市场很大的想象空间。对于短线

游资来说，只要发布想要介入光伏业务的公告就足够炒作了，至于企业以后是否能够从光伏业务获利或者获利多少，他们根本不会关心。

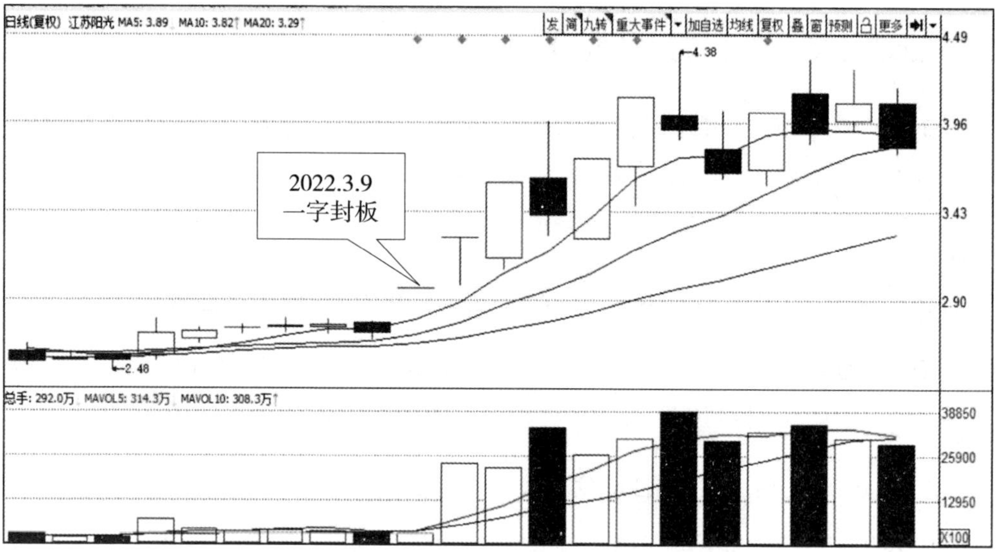

图4-4　江苏阳光（600220）日K线走势图

第三节　企业盈利与运营

企业运营与盈利情况，对股价日常波动的影响非常大，特别是与业绩有关的数据披露后，市场总会出现一些反应。

一、超预期盈利——国科微业绩暴涨

一只股票的价格走势情况是由多种因素综合决定的，也可以说是一种动态平衡的结果。在诸多起作用的因素中，业绩是非常重要的一个。市场会对企业的经营业绩有个基本的预估。当预估的结果持续向好时，股价上行的趋势就会相对明显；反之，下行的概率更大。

不过，企业的业绩不可能总是如预期一样波动，当实际业绩好于预期时，股价就会大幅上涨，以达到修复股价、重新实现动态平衡的效果。

总之，当上市公司的业绩出现远超预期的增长时，股价就会大幅走高，甚至会走出涨停板。特别是这种超预期业绩事先没有任何泄露时，就更容易走出涨停板。

国科微是从事集成电路设计、研发与销售的企业。在2021年第三季度前，企业的业绩一直不是很理想。

2021年第三季度，由于市场上芯片短缺，很多芯片与集成电路企业的营收与利润都出现大幅增加的态势，市场对国科微的业绩也有一定的预期，并且预期营收会出现较快的增长。但当国科微发布第三季度报告时，投资者还是被超预期的程度给震撼到了。

2021年10月21日晚，国科微发布三季报，宣布该公司第三季度业绩同比增长将近120倍。这可不是100%～200%的增长了，而是120倍的增长，实在是远超市场预期。于是，该股股价也同步给出了反应，如图4-5所示。

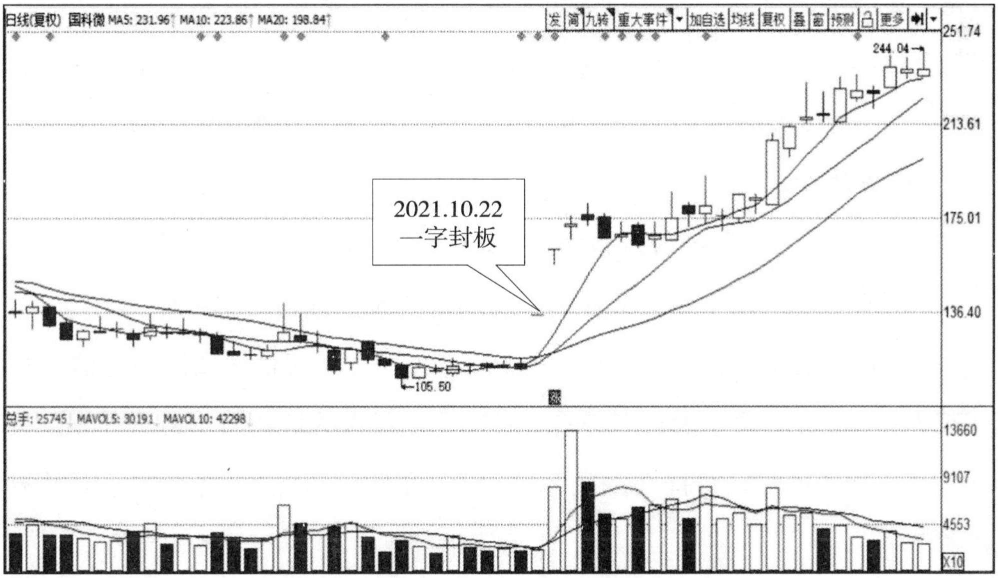

图4-5　国科微（300672）日K线走势图

2021年10月下旬以前，国科微的股价一直呈现振荡下跌态势。这从侧面说明市场并未感知该公司业绩大幅增长，这为后来股价大幅走高预留了足够的空间。特别是该公司的半年业绩，同比增长幅度仅为50%，市场更不可能预知该股的业绩会在第三季度出现爆发式增长。

2021年10月21日晚，国科微发布了第三季度业绩报告。10月22日，该股股价直接一字封板，次日股价再度封板，由此可见业绩超预期对股价的提振作用之大。

二、签订大合同——亚玛顿合同金额超市值

签订大合同，是企业经营业绩将要发生大幅增长的一个表现。具体能够引发股价出现多大的上涨空间，还要取决于合同金额的大小，预期利润额的大小，以及与企业自身体量（包括营业收入、净利润）的对比。一家企业签订的合同占整个企业营业收入较大的比重，容易引发市场的炒作风潮。

2022年6月26日晚，亚玛顿发布一则公告：该公司与天合光能签订了大额光伏玻璃销售合同。该公司将在未来的3年半时间里，向天合光能销售超薄光伏玻璃，预估金额达到74.25亿元。大家要知道，当时亚玛顿2021年的年度总营收才20亿元左右，市值也没有达到74亿元，这个合同无疑会将企业带到一个新的发展高度。

再来看一下该股的股价走势情况，如图4-6所示。

2022年6月24日（周五）开始，亚玛顿的股价强势一字封板。6月26日晚，该公司公告签订大额合同后，6月27日（周一）股价再度涨停。这一方面可以看出签订的这个大合同确实对股价产生巨大的推动力；另一方面也可以看出，该消息存在提前泄露的可能，否则股价不可能在周五就一字封板涨停。

其实，这也是投资者需要防范的一点，有些股票的利好消息出现前，股

价已经提前透支了涨幅，那么，当利好消息出现后，可能就会有资金利用这个利好兑现盈利出局。

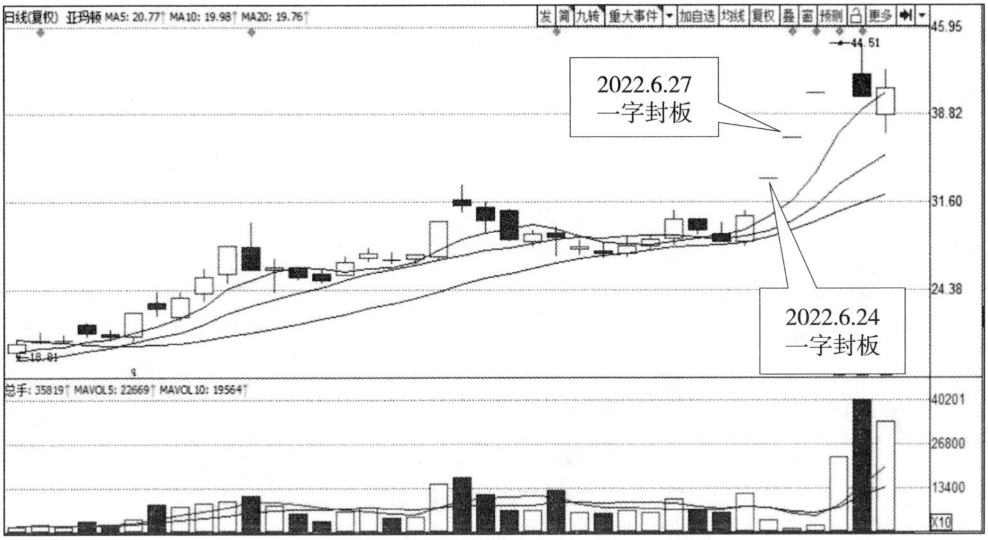

图4-6　亚玛顿（002623）日K线走势图

三、扭亏为盈——嘉寓股份扭亏封板

通常来说，扭亏为盈是一家企业经营过程中的重要节点。扭亏为盈后，企业将会进入一个良性的运营轨道。正因如此，很多股票特别是科创类股票，一旦实现扭亏为盈，股价肯定会迎来一波大幅上涨。当然，市场上也有一些股票总是处在盈利与亏损的边缘，这样的股票实现扭亏为盈的意义就不是很大了，也很难引发炒作行情。

嘉寓股份的主营业务是节能门窗幕墙工程业务，在2022年第一季度以前，已经连续出现亏损的情况。其股价在2022年4月呈现了振荡下跌走势，如图4-7所示。

2022年4月29日之前，嘉寓股份的股价一直处于振荡下跌趋势中，股价根本看不到好转的迹象。该股在2021年出现了13.48亿元的亏损，股价不振也在意料之中。

2022年4月28日晚，嘉寓股份发布了第一季度业绩公告，宣布公司实现了扭亏为盈。次日（4月29日），该股股价跳空高开，并强势封上了涨停板。

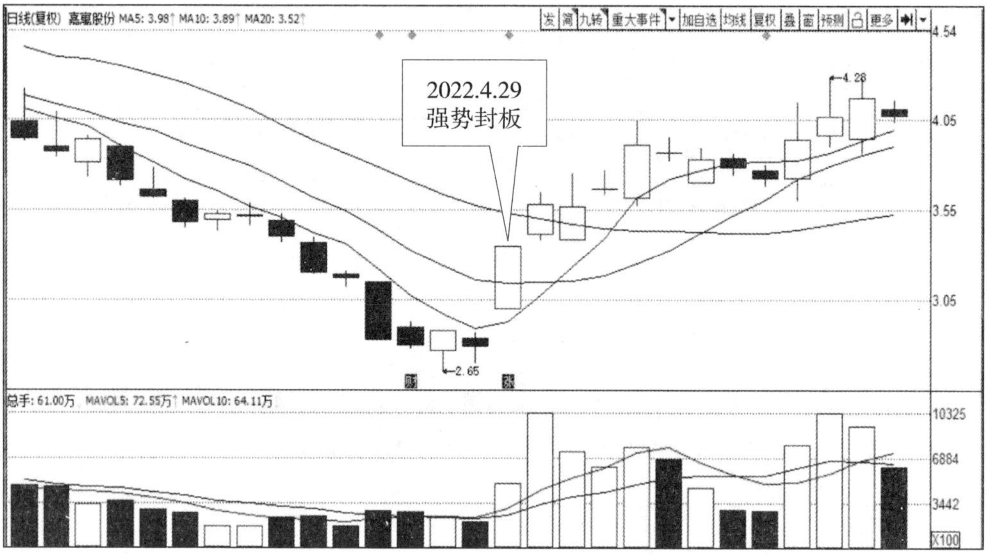

图4-7　嘉寓股份（300117）日K线走势图

四、股权激励——绝味食品高位涨停

管理层股权激励是指上市公司以本公司股票为标的，对其董事、监事、高级管理人员及其他员工进行的长期性激励。通过股权激励，可以将企业高管的利益与企业利益深度捆绑在一起。获得股权激励的管理人员，肯定会努力将企业经营好，这样企业股票的价格会更高，自身获得的利润也会实现最大化。这无疑相当于一个巨大的利好，股价很可能会启动上涨行情。

当然，有些企业的股权激励近似于一种利益输送，比如用0元的成本将股票送给管理层，又将兑现激励条件设定得非常宽松，这样的股权激励意义不大，也很难引发股价上行。

绝味食品曾在2021年1月推出股权激励方案，其具体内容为：“该公司以2021年3月8日为限制性股票首次授予日，并同意以41.46元/股的价格向124名激励对象授予559.80万股（不含预留部分）限制性股票。股权激励目标要求2021年营收增速不低于25%，2022年、2023年营收增速均不低于20%。”

相对而言，由于该公司前几年已经实现了较快速的增长，因此，此时推出的股权激励方案中，设定的解锁要求是比较富有挑战性的。当股权激励方案推出后，股价立即出现了大幅上涨走势，如图4-8所示。

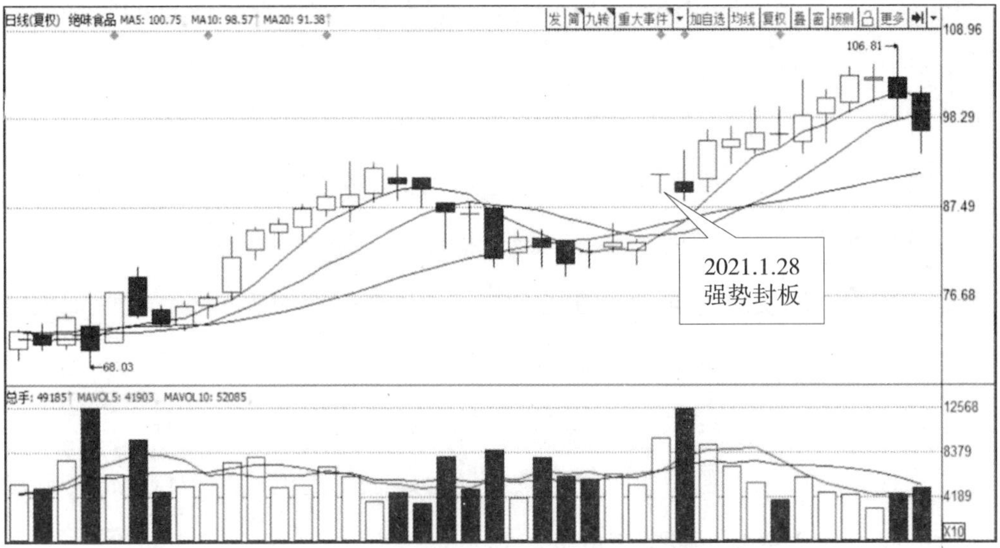

图4-8　绝味食品（603517）日K线走势图

2021年1月初，绝味食品的股价出现了一波振荡下跌走势。1月27日晚，绝味食品公布了其最新的股权激励计划。尽管对照当时的股价，股权激励计划中授予高管的股票价格几乎是打了半价，但是，20%以上的营收增速，对于绝味食品来说还是有一定难度的。不过，既然该公司制定了这样一份股权激励计划，就说明公司的管理层是愿意挑战一下高难度的目标的。股权激励计划公布后，该股股价在1月28日直接强势涨停。由此可见，市场对这份股权激励计划是十分认可的。

五、股份回购——岩石股份回购涨停

股份回购是指公司按一定的程序购回发行或流通在外的本公司股份的行为。它是通过大规模买回本公司发行在外的股份来改变资本结构的防御方法。

一般来说，股份回购说明上市公司十分看好本公司未来的发展前景，并且目前股价明显偏低，因此才会采取回购措施，这对于维护股价的稳定具有很大的意义。在市场进入熊市周期后，经常会有一些业绩较好的公司进行回购。

不过，具体来说，股份回购的方式不同，其意义也有所不同。

第一，上市公司自身回购股份。这是用上市公司的钱买自家的股票。这些股票未来的流向有两种：其一，授予管理层，进行股权激励；其二，直接注销，减少注册资本。这两种方式中，第二种对于提振股价的作用是最为明显的，毕竟市场上流通的股票变少了，投资者手中的股票更值钱了。第一种尽管也能起到一定的提振股价的作用，但效果肯定不如第一种好，毕竟这种做法仅仅是将市场上的股票收集回来，还会以较低的价格授予管理层（股权激励的股价肯定会低于股票市价）。

第二，管理层回购股票。这说明管理层非常看好企业后市的发展，这也是一种自信的表现，毕竟这些管理层购买股票是以市价买入的，这对于提振股价的帮助是很大的。

当然，最终回购股票是否能够引起股价上涨，还与股票回购的数量、市场环境等因素有关。也就是说，若回购量占总股本的比重足够大，股价上升的幅度就会大；反之，就可能只是象征意义了。

2022年5月16日晚，岩石股份发布一个公告，宣布将使用3000万元～4000万元的资金回购公司股份，回购价格不高于44.46元，如图4-9所示。

从图中可以看出，5月16日收盘，岩石股份的股价仅为25.80元。由于该股的盘子不大，这一回购金额是不算少的。

次日（5月17日），该股股价被强势拉升至涨停位，由此可见，该公司回购股票的举动对股价具有一定的提振作用。

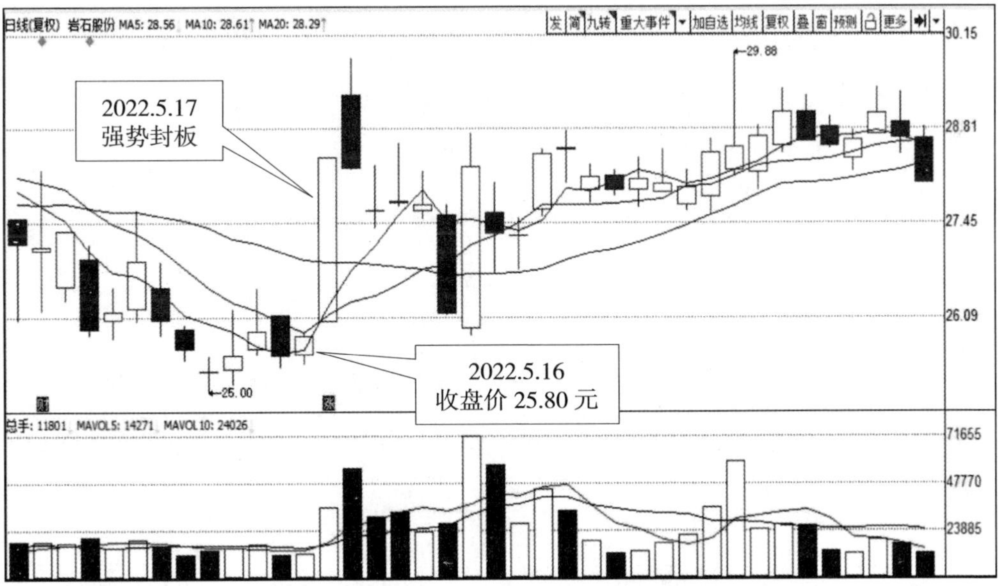

图4-9 岩石股份（600696）日K线走势图

第五章

热点企业概念

在经济发展过程中，涌现出来的一批大型企业集团，会成为国民经济中“耀眼的明星”。这些企业不仅自身体量庞大，还因为构成了附属自己的一个生态系统，因而对国民经济发展起到了一定的拉动作用。

第一节　华为概念

华为创立于1987年，是全球领先的信息与通信基础设施和智能终端提供商。目前，华为约有19.5万名员工，业务遍及170多个国家和地区，服务全球30多亿人口。根据华为财报显示，华为2021年实现营业总收入6368亿元，净利润1137亿元。

尽管自2018年以来受到美国制裁的影响，华为的营收与净利有所放缓，但仍然十分强劲，更因为其雄厚的技术储备和高额的研发投入，使其成为国内高科技企业中的一面旗帜。

华为公司是员工全员持股的企业，并非上市公司，但是其体量巨大（每年有几千亿元的营收），并且A股上市公司中多有与之合作者。这些上市公司很多都是华为生态系统内的各类供应商、代工企业等，因此，随着华为的崛起与快速发展，这些企业势必也会随之“水涨船高”。

正是基于这样的理念，市场上的短线资金（游资）掀起了多轮“华为概念”炒作浪潮。

一、华为产业链——五大核心业务模块

目前，整个华为产业链由五大核心业务模块构成，如图5–1所示。

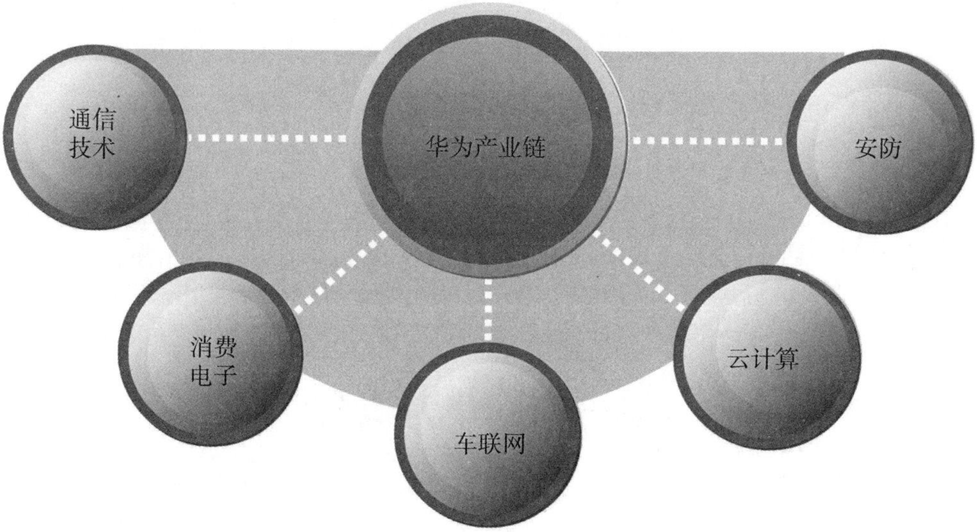

图5-1 华为产业链构成

尽管华为的业务一直在动态调整之中，但目前基本都是围绕图中的五大核心业务领域展开的。

1. 通信技术

通信技术是华为起家的资本，也是其立足于国际竞争的根本，更是美国发力打压的重点领域。目前，华为在5G通信技术的市场占有率排名全球第一，其核心产品5G基站更是在市场上具有决定性的竞争优势。

在华为通信技术产业链中，整个产业链大多是围绕5G基站及光通信展开的。

（1）5G基站产业链。华为5G基站的很多零部件是通过外部采购获得的。具体来说，包括但不限于以下6个核心领域。

①高端芯片。这是华为被美国制裁的一个关键领域。国内的5G芯片研发已经取得了一些成果，但与国外的高端芯片尚有一定的差距。

高通、英特尔、赛灵思等企业在高端芯片领域的优势是比较明显的，但国内的一些芯片企业经过多年的发展，在某些领域已经能够替代国外芯片，如紫光国微、复旦微电、华为海思等。

②滤波器。滤波器行业的国外厂商包括村田、TDK等，国内厂商的竞争力较强，主要包括武汉凡谷、东山精密、春兴精工、北斗星通、风华高科等。

③基站天线。基站天线作为基站的重要组成部分，其主要由国内厂商供给，核心供应商包括立讯精密、东山精密等。

④光模块。光模块核心供应商包括光迅科技、新易盛、华工科技、烽火通信、飞昂通讯等。

⑤高频高速覆铜板。该环节的供应商包括生益科技等。

⑥印制电路板。该环节的供应商包括深南电路、沪电股份、东山精密等。

（2）光通信产业链。光通信也是5G基站重要的附属器件，主要包括以下4个核心部件。

①光模块。该环节的供应商包括中际旭创、华为海思、光迅科技等。

②光交换芯片。该环节的供应商包括盛科网络、华为海思等。

③光纤线缆。该环节的供应商包括中航光电、意华股份、亨通光电、中天科技等。

④无源光纤网络芯片。该环节的供应商包括光迅科技、世嘉科技等。

2. 消费电子

消费电子曾经是华为最大的营收来源，但随着美国制裁落地，高端芯片短缺，致使高端手机业务出现了明显下滑，加之荣耀系列被剥离，造成了整个消费电子领域业务走弱。但华为在该领域仍保持了较强的竞争力，并且正在积极解决高端芯片问题。华为消费电子领域内的产品线包括华为手机、笔记本电脑、平板电脑、智能手表等。

从供应商体系划分来看，大致包括移动硬件设备供应商、移动软件供应商和云服务器3类。

（1）移动硬件。在移动硬件方面，包括以下9类供应商。

①面板及盖板玻璃。主要供应商包括京东方A、TCL科技、维信诺、蓝思科技、深天马A等。

②各类芯片。主要供应商包括韦尔股份、中芯国际、紫光国微等。

③模拟、传感、分立组件。供应商包括圣邦股份、士兰微、扬杰科技、闻泰科技等。

④印制电路板。该环节的供应商包括深南电路、沪电股份、生益科技、依顿电子等。

⑤连接器。供应商包括立讯精密、意华股份、永贵电器、中航光电等。

⑥电池。供应商包括欣旺达、德赛电池等。

⑦代工。供应商包括闻泰科技、光弘科技、比亚迪、深科技等。

⑧集成电路。供应商包括长电科技、通富微电等。

⑨其他零部件。供应商包括麦捷科技、卓胜微、宏达电子等。

（2）移动软件。移动软件中，最为重要的就是鸿蒙操作系统。属于鸿蒙操作系统的供应商包括润和软件、用友网络、中科创达、超图软件等。

（3）云服务器。云服务器及配件供应商包括中科曙光、兆易创新、北京君正、长江存储、澜起科技等。

3. 车联网

华为车联网本质上是一个利用华为信息通信技术与汽车产业深度融合的产物。华为车联网系统涵盖了诸多领域内的企业，而且整个系统尚处于形成初期，未来还会逐渐完善。目前，可以重点关注以下5个领域。

（1）汽车芯片。这是车联网最核心的部件。目前，该领域内的企业包括斯达半导、士兰微、扬杰科技等。

（2）车联网模组。供应商包括移远通信、广和通等。

（3）智能座舱。供应商包括德赛西威、科大讯飞等。

（4）智能动力。供应商包括动力电池和电机供应商，如宁德时代、国轩高科、比亚迪、江特电机等。

（5）整车。整车系统生产商包括小康股份、北汽蓝谷等。

4. 云计算

在整个华为业务范围中，云计算起步相对较晚，但发展最为迅速，而且已经位列行业前几名。

华为云计算的重点合作伙伴包括用友网络、光环新网、启明星辰、国民技术等。

5. 安防

在智能安防领域，华为也是后来者，正在奋力追赶行业前两名，即海康威视和大华股份。

在安防领域，华为的合作伙伴主要包括科大讯飞、联合光电等。

二、华为概念——凯盛科技

凯盛科技是以新型显示和应用材料的研发、制造和销售为主营业务的企业，也是中国最大的ITO导电膜玻璃信息显示材料、电熔氧化锆生产基地。在光电显示领域，凯盛科技已经进入华为手机供应链。

截至2021年年底，凯盛科技的总营收为63.24亿元，每股盈利0.21元，每股净资产3.49元。2022年6月底，该股的总市值为84亿元，每股股价为11

元左右。

凯盛科技的基本面尚可，盘子不大，这是受到资金青睐的一个原因。2021年下半年，受华为概念的影响，凯盛科技曾经出现了几波上攻浪潮，如图5-2所示。

自2021年下半年开始，华为概念被反复炒作。作为华为概念中一只比较有代表性的股票，凯盛科技的股价在2021年下半年出现了几波规模相对较大的上升走势。该股在2021年7月启动上攻之前，股价保持在6.57元左右，随后一路振荡上升，到了2021年年底，已经上涨至14.04元的高位。也就是说，该股股价在半年的时间里就实现了翻倍。

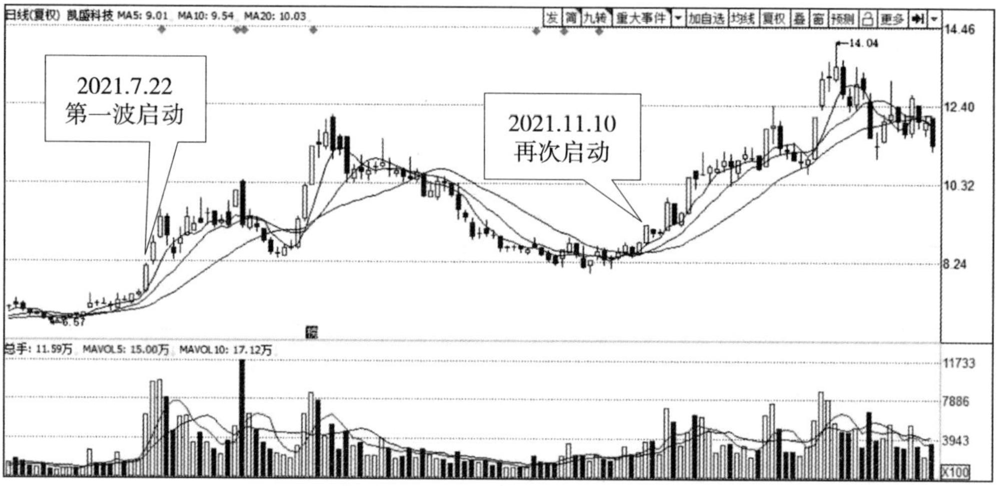

图5-2 凯盛科技（600552）日K线走势图

三、鸿蒙系统——润和软件

润和软件是以向国内外客户提供新一代信息技术为核心的产品、解决方案和服务提供商，属于典型的软件IT服务企业。

润和软件是华为鸿蒙系统的深度参与者，还是OpenHarmony（开放鸿蒙）的发起者之一，华为鸿蒙生态共建者之一。可以这样说，润和软件就是最纯正的华为鸿蒙概念股。

截至2021年年底，润和软件的总营收为27.59亿元，每股盈利0.23元，每股净资产为3.84元。2022年6月底，该股的总市值为143亿元，每股股价为18元左右。

润和软件的基本面尚可，盘子不大，这也是资金青睐的一个原因。自2021年5月开始，受华为鸿蒙概念的影响，润和软件曾经出现了几波上攻的浪潮，如图5-3所示。

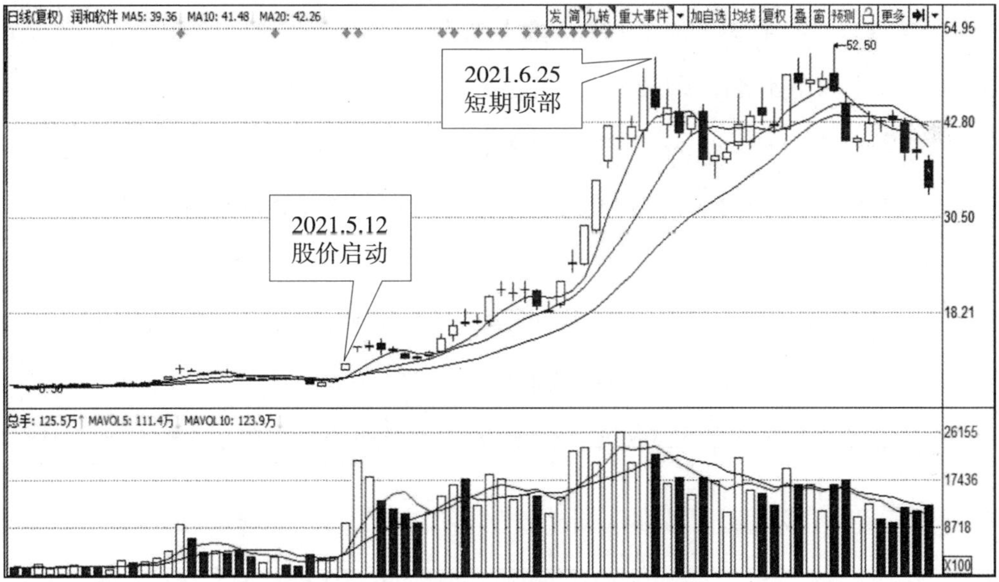

图5-3　润和软件（300339）日K线走势图

2021年5月初，鸿蒙概念横空出世后，作为鸿蒙概念龙头股的润和软件就出现了一波大涨走势。

2021年5月12日，该股股价在10元下方启动上升。到了2021年6月25日，该股股价一度突破50元，由此可见游资炒作力度之强。

四、华为计算芯片——国民技术

国民技术是国内最大的可信计算芯片厂商，国内商业市场占有率已超过85%，也是华为计算芯片的主力供应商。

截至2021年年底，国民技术的总营收为10.18亿元，每股盈利0.39元，每股净资产为2.81元。2022年6月底，该股的总市值为100亿元，每股股价为17.50元左右。

国民技术的基本面尚可，盘子不大，这是资金青睐的一个原因。自2021年5月开始，受华为概念的影响，与其他华为概念股相似，国民技术曾经出现了几波上攻的浪潮，如图5-4所示。

在华为概念成为市场热炒对象时，国民技术在2021年5月底被挖掘出来。该股股价自2021年5月底启动上攻，整个炒作行情持续了两个月，到7月底，该股的炒作行情才结束。

自5月底不足8元启动上涨，一路飙升至7月底的42.26元，股价翻了5倍有余，由此可见市场对华为概念的追捧。

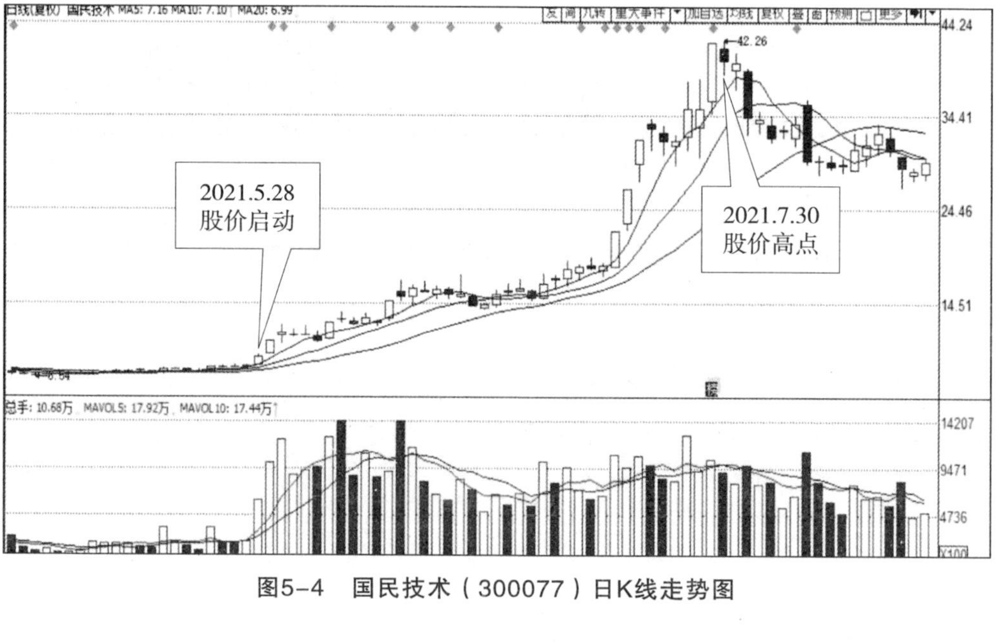

图5-4 国民技术（300077）日K线走势图

五、华为汽车——小康股份

华为介入汽车领域，本身就是汽车行业的一件大事件。小康股份是“东风小康”“东风风光”等品牌汽车制造和销售的企业，在华为宣布介入新能源汽车领域后，小康股份就成为华为公司的全面合作伙伴。也可以这样说，小康股份就是华为汽车领域最为纯正的概念股。

截至2021年年底，小康股份的总营收为167.18亿元，每股盈利-1.38元，每股净资产为5.21元。2022年6月底，该股的总市值为1200亿元，每股股价为80元左右。

小康股份的基本面不佳，盘子较大，这是资金反复炒作的结果，毕竟该股已经掀起了多轮炒作行情。自2020年11月开始，受华为汽车概念的影响，小康股份曾经出现了几波上攻浪潮，如图5-5所示。

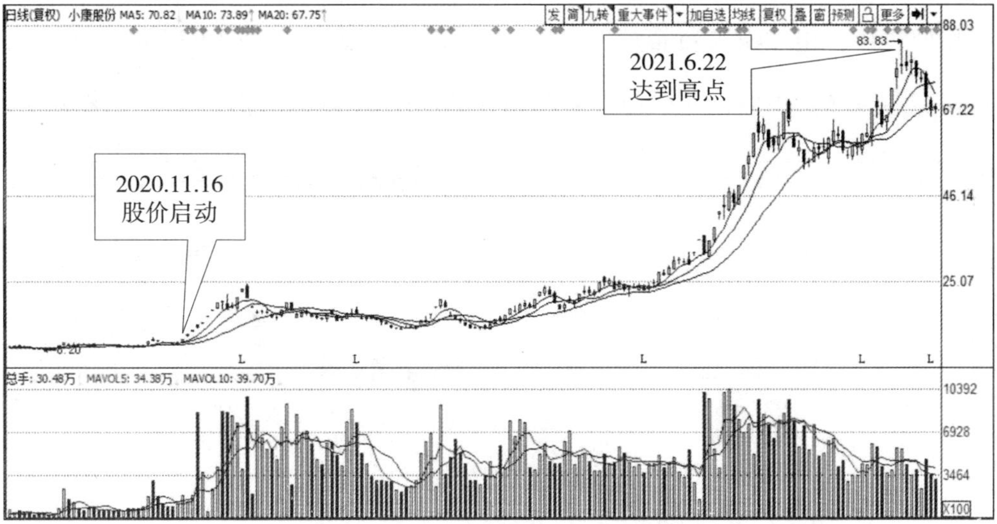

图5-5　小康股份（601127）日K线走势图

小康股份的股价在华为汽车概念的加持下，自2020年11月在10元左右启动上涨走势。该股股价在资金的几轮炒作下，到2021年6月22日上涨至83.83元，翻了8倍有余。

由此可见，市场对小康股份与华为的合作极度看好。当然，资金的疯狂炒作也必然会透支股价未来的上涨空间。其后，当资金撤出后，小康股份的股价也进入了漫长的下跌之路。

六、华为汽车——北汽蓝谷

北汽蓝谷是华为汽车的另一个主力概念股。北汽蓝谷是一家纯电动乘用车与核心零部件的研发、生产、销售和服务企业。自华为与北汽蓝谷下属的北汽新能源合作之后，北汽蓝谷的股价也多次被资金炒作。

截至2021年年底，北汽蓝谷的总营收为86.97亿元，每股盈利-1.3元，每股净资产为2.37元。2022年6月底，该股的总市值为400亿元，每股股价为9.40元左右。

北汽蓝谷的基本面不佳，盘子不小，这是资金反复炒作的结果，与小康股份相似，该股也多次被资金炒作。自2021年5月开始，受华为概念的影响，与其他华为概念股相似，北汽蓝谷曾经出现了几波上攻的浪潮，如图5-6所示。

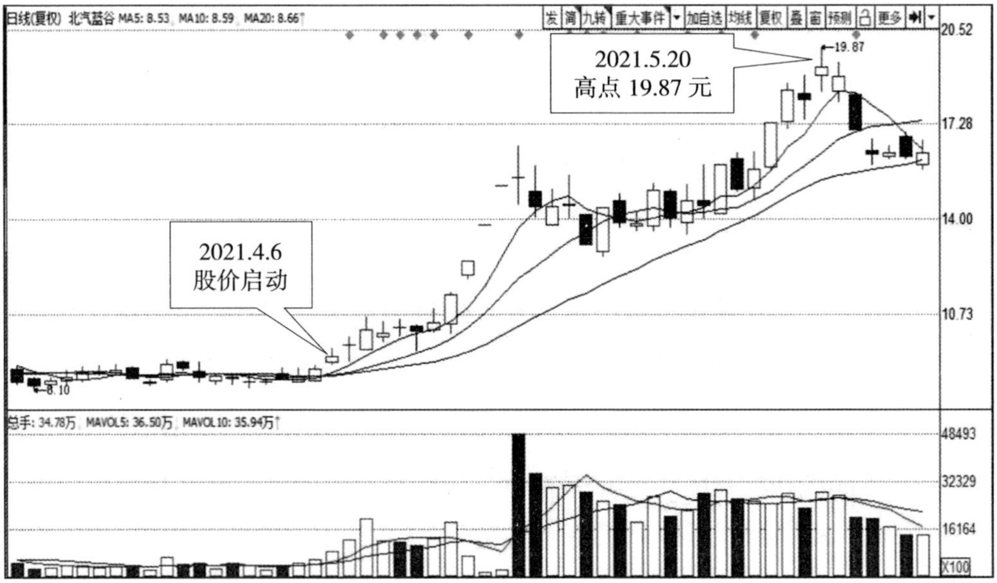

图5-6　北汽蓝谷（600733）日K线走势图

北汽蓝谷的股价在华为汽车概念的加持下，自2021年4月初在7.3元左右启动上涨走势。该股股价在资金的几轮炒作下，到了5月20日上涨至19.87元，翻了两倍有余，由此可见市场对北汽蓝谷与华为的合作极为看好。对照之前小康股份的股价走势可知，该股启动的时间要晚于小康股份，这也注定了该股在华为汽车概念中属于二线龙头。

第二节　宁德时代概念

宁德时代新能源科技股份有限公司成立于2011年12月，2018年6月11日正式登陆创业板。

宁德时代的主营业务是新能源汽车动力电池系统、储能系统的研发、生产和销售，致力于为全球新能源应用提供一流解决方案。

截至2022年6月底，宁德时代的总市值超过了1.26万亿元，是创业板第一大权重股。宁德时代的产业链覆盖了动力电池与新能源汽车、锂矿资源、储能行业以及电动化、智能化等领域。与宁德时代产业链相关的企业，都在宁德时代的发展中获得了较为丰厚的收益，因此，宁德时代概念常常成为市场资金热炒的一个方向。

一、宁德时代产业链

目前，整个宁德时代产业链由三大核心领域构成，如图5-7所示。

宁德时代整个产业基本围绕动力电池核心产业展开，并不断纵向向上向下兼容整个产业链，形成一个庞大的新能源产业体系。

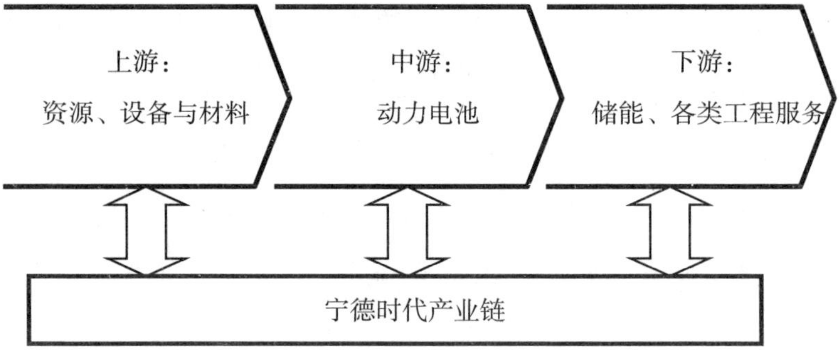

图5-7 宁德时代产业链

1. 上游产业：资源、设备与材料

上游产业基本属于生产动力电池所需的各类资源领域，具体包括矿产资源、设备与材料等。宁德时代通过控股、参股、合作等形式，已经建立了比较稳固的上游资源供应体系。

（1）资源。在矿产资源层面，宁德时代重点开发的资源包括锂资源、钴资源、镍资源等。其业务没有局限在国内，还与很多国外企业开展了合作。

国内控股、参股或合作的企业如下。

①锂资源国内厂商包括天宜锂业。

②钴资源国内厂商包括腾远钴业、洛阳钼业等。

（2）材料。材料包括正极、前驱体材料，硅碱负极，电解液、锂电设备，等等。不过，在这一层面合作的公司多为宁德时代的参股或控股企业，如邦普集团、曲靖麟铁、湖南裕能、时代思康等，这些企业基本没有上市。

（3）设备。设备主要指的是锂电设备，其核心供应商包括先导智能、星云股份等。

2. 中游产业：动力电池

这是宁德时代最为核心的业务，主要由宁德时代及其下属公司完成。

3. 下游产业：储能及各类工程服务等

宁德时代下游产业涉及的领域很多，是整个宁德时代产业链中参与企业最多的一个环节。其中，有些企业目前还没有上市，投资者可以留心这些企业何时会上市。

（1）储能。这是宁德时代重点发展的一个方向。

在储能领域，与宁德时代有合作关系的企业包括易事特、永福股份、科士达等。

（2）智能汽车领域的合作方为北汽蓝谷。

（3）自动驾驶与无人驾驶合作企业包括赢彻科技、普洛斯、跃薪时代等。

（4）换电业务的合作方包括宁德智享、武汉蔚能、蓝谷智慧等。

这是整个产业链中比较核心的参与方。事实上，由于宁德时代的产业链非常庞大，所需的各类材料、零部件也很多，其中也会涉及诸多的供应商，如海源复材、神火股份、松芝股份等。

二、宁德时代概念——宁德时代

由于宁德时代是上市公司，因而宁德时代本身就是宁德时代概念的股票，而且是整个宁德时代概念最核心的股票。

截至2021年年底，宁德时代的总营收为1303.56亿元，每股盈利6.88元，每股净资产为53.30元。2022年6月底，该股总市值为1.26万亿元，每股股价为510元左右。

从基本面上来看，宁德时代的基本面非常好，内在价值也很高，当然股价也不便宜。市场上缺少的就是这类优质股票。因此，很多大机构资金，包括各路基金都会长期驻守这只股票。

下面来看一下该股的股价走势情况，如图5-8所示。

宁德时代的股价自2018年10月11日的58.91元启动上升。此后，在3年多的时间里，该股股价振荡上升，一路上涨至2021年12月3日的692元，股价翻了近12倍，由此可见资金对该股有多青睐。

宁德时代属于典型的成长股，而且是优质的成长股，比较适合长期持有，短线资金一般不会介入这类股票。由于宁德时代过于特殊，在很多次快速上升趋势中，都有短线资金参与的痕迹。

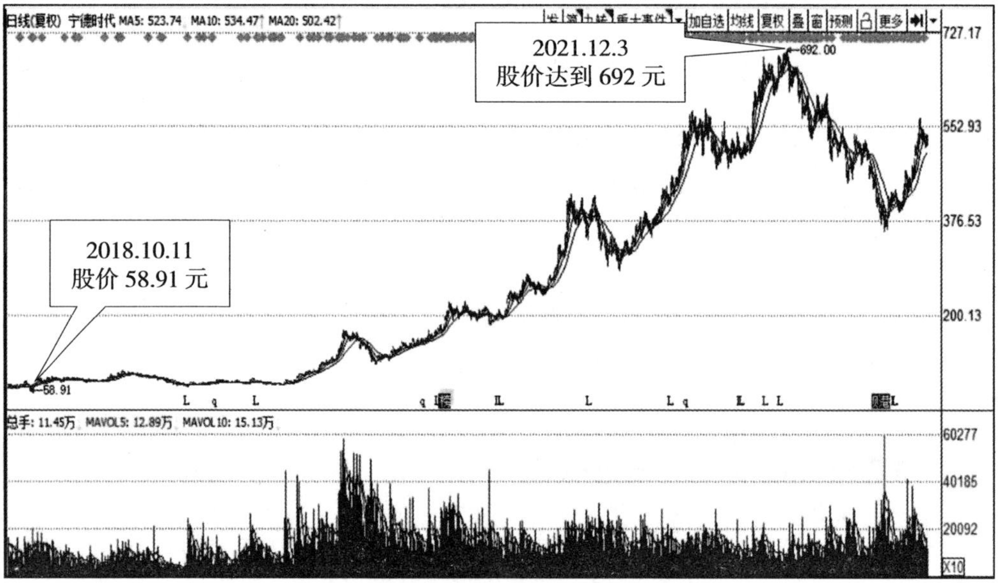

图5-8 宁德时代（300750）日K线走势图

三、宁德时代概念——德方纳米

德方纳米是专业从事纳米磷酸铁锂材料研发、生产和销售的企业，其核心产品包括磷酸铁锂、碳纳米管、碳纳米管导电液等，是宁德时代的优秀供应商之一。

曲靖麟铁原本为德方纳米的全资子公司，注册资本为5000万元。根据德方纳米2019年5月与宁德时代达成的协议，双方对曲靖麟铁进行增资，其注册资本变更为1亿元。增资后，德方纳米占曲靖麟铁的股权为60%，宁德时代为40%。

至此，德方纳米成为宁德时代的全方位战略合作伙伴。

截至2021年年底，德方纳米的总营收为48.42亿元，每股盈利8.95元，每股净资产为41.42元。2022年6月底，该股总市值为710亿元左右，每股股价为420元左右。

从基本面上来看，德方纳米的基本面非常好，内在价值也很高，当然股价也不便宜。相对于宁德时代，德方纳米的盘子更小，也更容易成为资金热炒的对象。

下面来看一下德方纳米的股价走势情况，如图5-9所示。

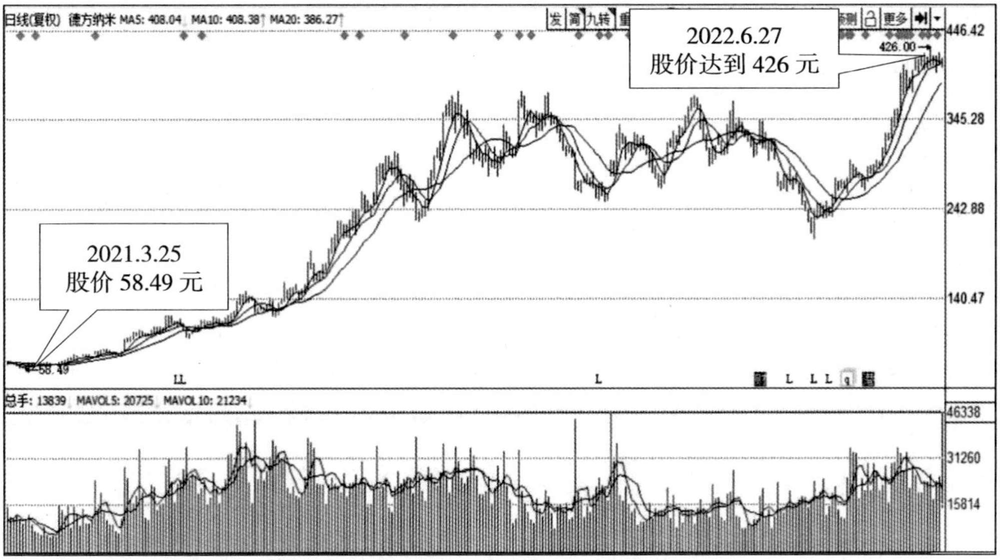

图5-9　德方纳米（300769）日K线走势图

德方纳米的股价自2021年3月25日的58.49元启动上升。此后，在1年多的时间里，该股股价振荡上升，一路上涨至2022年6月27日的426元，股价翻了7倍多，由此可见资金对该股有多青睐。

当然，相对而言，德方纳米的盘子较小，加之属于宁德时代、新能源、锂电池、储能等诸多题材，因而更容易获得市场的追捧。

四、宁德时代概念——先导智能

先导智能是国内领先的锂电池设备、光伏自动化设备专业制造商。公司从事高端自动化成套锂电装备业务，为宁德时代五大供应商之一。宁德时代是公司重要的战略合作伙伴之一。

2020年12月31日，先导智能公司公告披露：拟引入战略投资者宁德时代，发行完成后，宁德时代将持有公司7.29%的股份。自此以后，先导智能正式成为宁德时代产业链的核心标的。

截至2021年年底，先导智能的总营收为100.37亿元，每股盈利1.28元，每股净资产为6.06元。2022年6月底，该股总市值为940亿元左右，每股股价为60元左右。

从基本面上来看，先导智能的基本面非常好，内在价值也很高，当然股价也不便宜。相对于宁德时代，先导智能的盘子更小，也更容易成为资金热炒的对象。

下面来看一下先导智能的股价走势情况，如图5-10所示。

先导智能的股价自2020年9月11日的24.29元启动上升。此后，在1年多的时间里，该股股价振荡上升，一路上涨至2021年11月8日的88.30元，股价翻了3倍多，由此可见资金对该股有多青睐。

从该股的盘面走势来看，实质上，该股股价是自2020年9月中旬启动大幅上升的，而该公司发布与宁德时代合作的公告时间是2020年12月，这说明市场上的资金早已掌握了先导智能与宁德时代谈判的信息。从2020年9月到12月，是先导智能股价涨势最猛烈的一段。其实，这也是普通散户总是落后于游资和机构资金的原因，毕竟散户的消息过于滞后，而机构和游资可以先人一步。

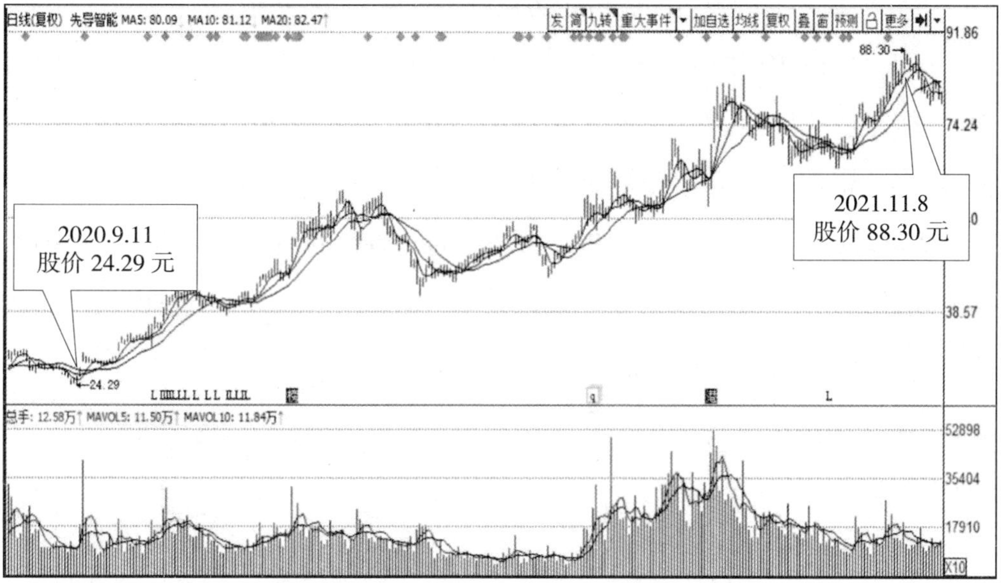

图5-10　先导智能（300450）日K线走势图

五、宁德时代概念——科士达

科士达是宁德时代在储能方面的合作伙伴，也是位居国内不间断电源（UPS）行业前列的本土品牌。

2019年4月，公司拟出资9800万元与宁德时代共同设立宁德时代科士达新能源科技有限公司，以开发、生产及销售储能系统PCS、特殊储能PACK、充电桩及“光储充”一体化相关产品。

截至2021年年底，科士达的总营收为28.06亿元，每股盈利0.64元，每股净资产为5.26元。2022年6月底，该股总市值为180亿元左右，每股股价为

31元左右。

从基本面上来看，科士达的基本面比较好，股价也不便宜。相对于宁德时代，科士达的盘子更小，也更容易成为资金热炒的对象。在储能概念成为市场热炒的概念后，科士达也曾短期内被资金爆炒。

下面来看一下科士达的股价走势情况，如图5-11所示。

科士达的股价自2021年7月初的13元启动上升。此后，在1个半月时间里，该股股价振荡上升，一路上涨至2021年8月中旬的41.25元，股价翻了3倍多，由此可见资金对该股有多青睐。

资金对该股的炒作，通常是与市场对储能概念的关注同步的。当市场热炒储能概念时，科士达就会受到重点关注。加之其身上带有宁德时代产业链的光环，盘子还很小，股价涨幅往往都比较大。

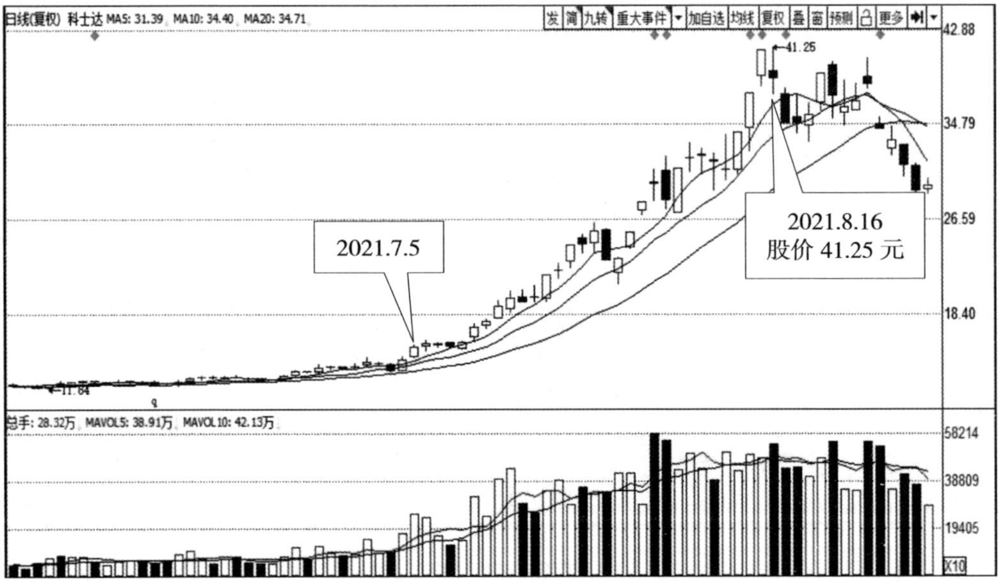

图5-11　科士达（002518）日K线走势图

第三节　比亚迪概念

目前，比亚迪是国内新能源汽车技术领域排名第一的企业，也是国内最大的新能源汽车生产商。

比亚迪公司前身为1995年2月成立的比亚迪实业有限公司，2002年调整股本结构后，成立比亚迪股份有限公司。

2011年6月30日，比亚迪正式登陆深圳股票交易所，成为上市公司。经过多年发展，比亚迪的业务范围涉及新能源汽车、手机代工、电池等业务板块，整个比亚迪产业链涉及了多家上市公司。

一、比亚迪产业链

比亚迪自身的业务规模非常庞大，目前主要涵盖了三大板块，如图5-12所示。

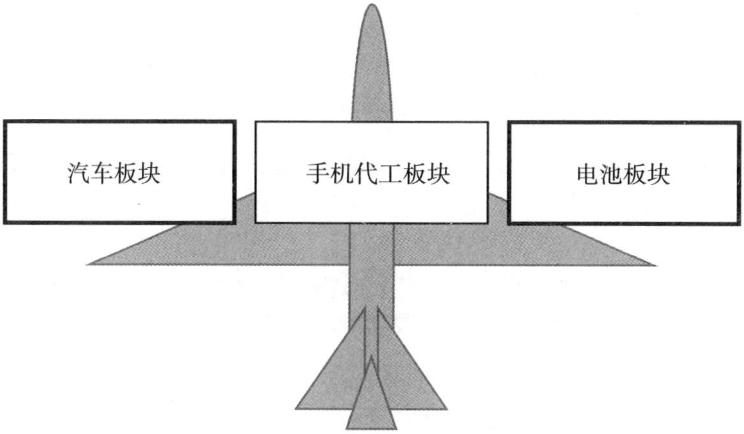

图5-12　比亚迪三大核心业务板块

1. 汽车板块

新能源汽车是比亚迪最大的一个业务板块，占企业营收的比重超过50%。比亚迪新能源汽车的销量目前是国内车企中最高的。

比亚迪汽车板块的供应商包括但不限于以下几家。

（1）OBC（车载充电器）：新锐科技。

（2）扁线：长城科技。

（3）扬声器：上声电子。

（4）热管理：盾安环境、拓普集团。

（5）变速箱油泵：湘油泵。

（6）电池箱体：和胜股份。

（7）发动机心脏轴承：福达股份。

（8）铝合金及压铸件：立中集团、广东鸿图。

（9）空气悬挂：中鼎股份。

（10）HUD（平视显示器）：华阳集团等。

（11）车载光源产品：宝明科技等。

2. 手机代工板块

比亚迪手机代工业务的营收在公司总营业收入中占比为第二名，仅次于新能源汽车。不过，受整体环境、消费电子走弱的影响，手机代工业务的盈利能力有所下滑。

目前，比亚迪的代工客户包括华为、小米等国内顶级手机品牌，也包括苹果、三星等全球一线品牌。

3. 电池、光伏及储能板块

在动力电池、光伏及储能板块，比亚迪的供应商主要包括以下6类。

（1）正极材料供应商，包括当升科技、杉杉股份、湖南瑞翔、日亚化学、巴莫科技等。

（2）负极材料供应商，包括中科电气、贝瑞特、杉杉股份、湖南星城、翔丰华等。

（3）隔膜供应商，包括沧州明珠、星源材质、旭化成等。

（4）电解液供应商，包括杉杉股份、天赐材料、新宙邦、惠州天骄、多氟多等。

（5）铜箔供应商，包括诺德股份、嘉元科技、龙电华鑫等。

（6）其他供应商，还包括合力泰、鼎胜新材、道氏技术、天奈科技等。

二、比亚迪核心标的——比亚迪

比亚迪公司主要从事包含新能源汽车及传统燃油汽车在内的汽车业务、手机部件及组装业务、二次充电电池及光伏业务，并积极拓展城市轨道交通业务领域。

截至2021年年底，比亚迪的总营收为2161.42亿元，每股盈利1.06元，每股净资产为32.66元。2022年6月底，该股总市值为1万亿元左右，每股股价350元左右。

从基本面上来看，比亚迪的基本面非常好，内在价值也很高，当然股价也不便宜。市场资金比较青睐这类股票，因此，很多大机构资金包括各路基金，都会长期驻守这只股票。

下面来看一下该股的股价走势情况，如图5-13所示。

2020年7月之前的几年内，比亚迪的股价一直处于横向振荡走势，大部分时间位于40元～60元之间的区域。

2020年7月，在新能源汽车概念的催动下，比亚迪长期坚持的投资终于进入收获期。随着新能源汽车出货量节节攀升，比亚迪的股价也同步出现了大幅振荡上扬态势。到了2022年6月13日，该股股价已经上涨至358.86元的位置。可见，各路资金对新能源汽车概念和比亚迪是非常推崇的。

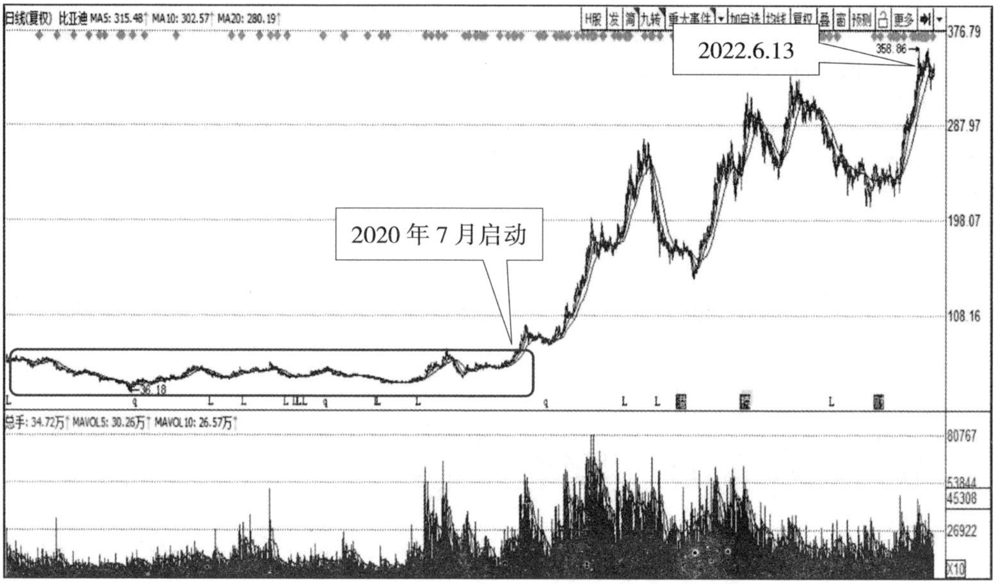

图5-13 比亚迪（002594）日K线走势图

三、比亚迪车载电源供应商——欣锐科技

欣锐科技是一家专注于新能源汽车车载电源领域的国家高新技术企业。目前，已经有多款比亚迪新能源车型搭载了欣锐科技的车载电源。

截至2021年年底，欣锐科技的总营收为9.35亿元，每股盈利0.22元，每股净资产为9.26元。2022年6月底，该股总市值为66亿元左右，每股股价为53元左右。

从基本面上来看，欣锐科技的基本面一般，股价偏高。相对于比亚迪，欣锐科技的盘子更小，也更容易成为资金热炒的对象。在燃料电池概念成为市场热炒的概念后，欣锐科技也曾在短期内被资金爆炒。

下面来看一下欣锐科技的股价走势情况，如图5-14所示。

欣锐科技在市场炒作燃料电池的风潮下，自2021年11月初启动了一波快速上升行情。到了11月底，该股股价已经从11月初的35元左右上涨至88.90元，1个月内就翻了1倍多。

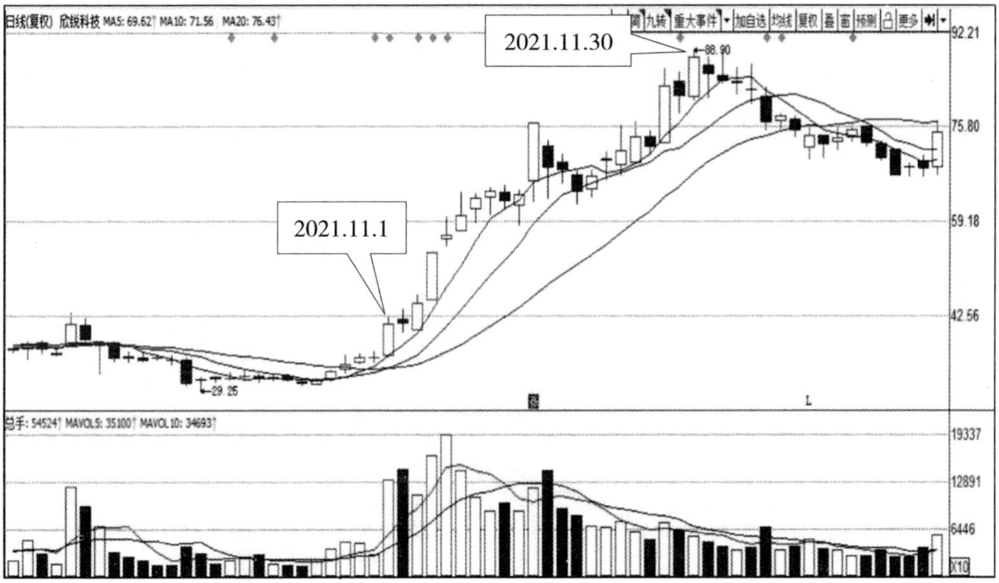

图5-14　欣锐科技（300745）日K线走势图

四、车载类背光源供应商——宝明科技

宝明科技是一家专业从事LED背光源模组及电容式触摸屏研发的国家级高新技术企业，也是比亚迪汽车背光源产品的供应商。

截至2021年年底，宝明科技的总营收为11.15亿元，每股盈利-1.98元，每股净资产为6.2元。2022年6月底，该股总市值为35亿元左右，每股股价为20元左右。

从基本面上来看，宝明科技的基本面一般，处于亏损之中，股价偏高。相对于比亚迪，宝明科技的盘子很小，也更容易成为资金热炒的对象。

在新能源汽车概念成为市场热炒的概念后，随着比亚迪股价的大幅上涨，宝明科技也曾在短期内走出快速上升走势。

下面来看一下宝明科技的股价走势情况，如图5-15所示。

2022年4月27日，宝明科技的股价启动振荡上升走势。从6月20日开始，在新能源汽车概念暴涨的带动下，该股股价开始转入快速上涨行情。到了7月7日，股价已经到达19.18元的高位，相比4月27日的股价翻了近1倍。

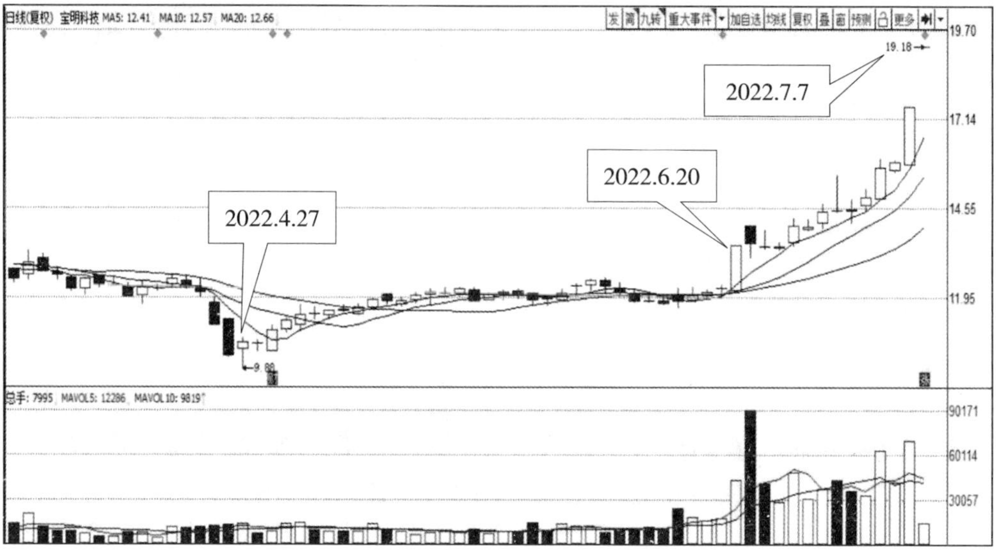

图5-15　宝明科技（002992）日K线走势图

五、隔膜供应商——星源材质

星源材质是一家专注于新能源、新材料领域的企业，目前已经成为全球锂电池隔膜行业的领跑者。目前，该公司干法单向拉伸及涂层锂离子电池隔膜，已批量供应比亚迪。该公司除了具有比亚迪概念外，还同样具有宁德时代概念。

截至2021年年底，星源材质的总营收为18.61亿元，每股盈利0.15元（2022年第一季度），每股净资产为3.83元（2022年第一季度）。2022年6

月底，该股总市值为390亿元左右，每股股价为33元左右。

从基本面上来看，星源材质的基本面尚可，股价偏高。相对于比亚迪，星源材质的盘子较小，也更容易成为资金热炒的对象。

在新能源汽车概念成为市场热炒的概念后，随着比亚迪股价的大幅上涨，星源材质也曾在短期内走出快速上升走势。

下面来看一下星源材质的案例，如图5-16所示。

2022年4月27日，星源材质的股价启动振荡上升走势。在锂电池概念暴涨的带动下，该股股价开始转入快速上涨行情。到了7月7日，股价已经到达33.98元的高位，相比4月27日的股价翻了1倍多。

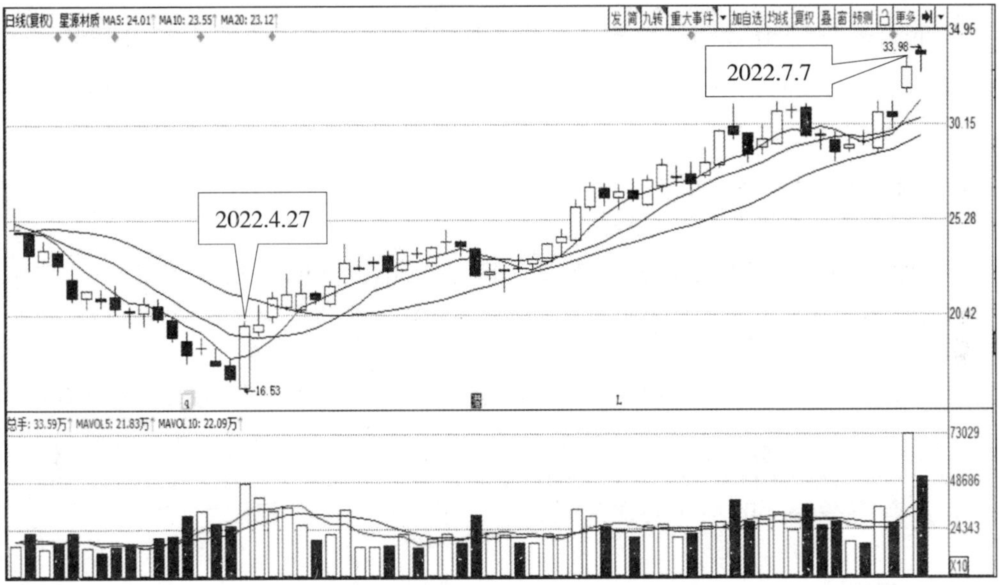

图5-16　星源材质（300568）日K线走势图

通过对比宝明科技与星源材质的走势可以看出，两只股票是从2022年4月底开始上涨之路的，这与比亚迪在2022年4月底开始的上涨行情基本吻合，这也可以看出比亚迪概念股与正股之间的走势具有很大的相关性。特别是在正股出现大幅上涨时，相关概念股也会同步上升。

第四节　阿里巴巴概念

阿里巴巴是我国电商行业的龙头。自1999年在杭州成立以后，随着企业规模的逐渐增大，业务范围也不再局限于电商领域，而是扩展至云计算、互联网金融、物流等诸多领域，形成了一个庞大的阿里巴巴生态系统。

阿里巴巴是在美国和香港两地上市的企业，尽管目前并未完成在A股市场的上市，但A股市场上有很多与阿里巴巴存在业务关联或者股权关系的企业，很容易成为市场资金炒作的对象，因此，阿里巴巴概念成为市场上的一个热门标签。

一、阿里巴巴产业链

根据阿里巴巴2021年度的财报，其2021年度的营业收入达到了7173亿元，利润为1506亿元。

阿里巴巴自身的业务规模非常庞大，目前其核心业务体系主要由图5-17所示的四大核心板块，以及若干参股或控股公司构成。其中，在每个板块内，又有很多外部的企业与之关联，构成了一整套阿里巴巴生态体系。

1. 阿里云

阿里云是一家提供云端服务的高科技公司。目前，在全球市场上，阿里云已经占据了非常重要的位置；在国内市场上，阿里云的市场份额更是相当于第二名到第九名的总和。国内，80%以上的科技公司都使用过阿里云服务。

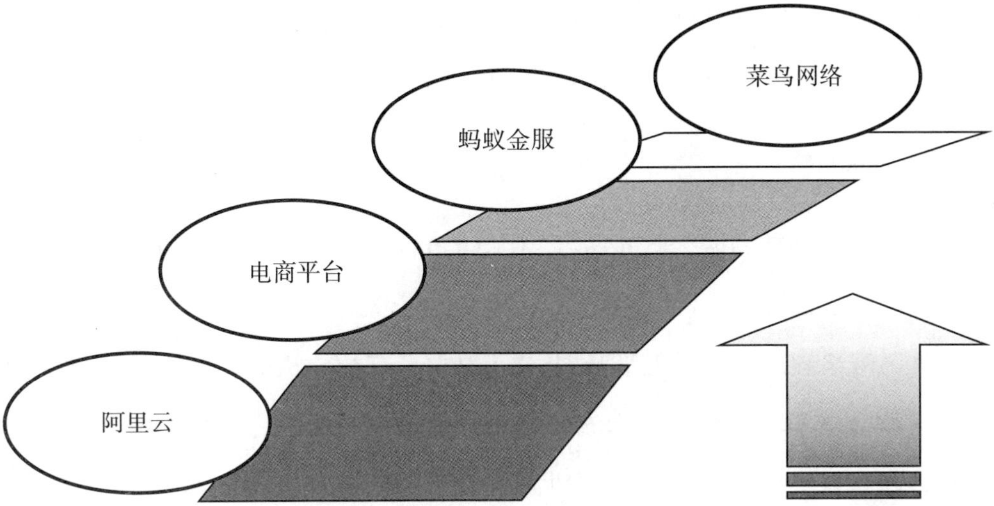

图5-17　阿里巴巴核心业务体系

在阿里云板块，与阿里巴巴有合作关系的企业包括易华录、浪潮信息、浪潮软件、东软集团、华胜天成、银江股份、石基信息、天源迪科、卫宁软件、用友网络等。

2. 电商平台

电商平台是阿里巴巴业务的核心。阿里巴巴生态系统中的很多企业都是从电商平台延伸出去的。阿里巴巴电商平台包括淘宝、天猫、聚划算、全球速卖通、阿里巴巴国际交易市场、1688、阿里妈妈等。

从平台角度来看，很多通过阿里巴巴电商平台销售的企业，都可看成与阿里巴巴存在合作关系。但这里要找的是与阿里巴巴存在深度合作关系的企业，这些企业包括但不限于三江购物、百联股份、永辉超市、苏宁云商、合肥百货等。

3. 蚂蚁金服

蚂蚁金服旗下最著名的产品就是支付宝。在蚂蚁金服板块，与阿里巴巴有合作关系的企业包括新朋股份、张江高科、新华联、君正集团、恒生电子、健康元、合肥城建、卫宁健康等。

4. 菜鸟网络

菜鸟网络科技有限公司成立于2013年5月，是一家客户价值驱动的全球化产业互联网公司。

菜鸟网络利用先进的互联网技术，建立了开放、透明、共享的数据应用平台，整合电子商务企业、物流公司、仓储企业、第三方物流服务商、供应链服务商等各类企业资源，实现协同打造智能物流骨干网，对生产流通的数据进行整合运作，实现信息高速流转，而生产资料、货物则尽量减少流动，以提升效率。

菜鸟网络的合作企业包括但不限于圆通速递、新宁物流、飞马国际、澳洋顺昌、音飞储存等。

5. 其他参股或控股企业

阿里巴巴及其旗下企业还以参股的方式，强化了与其他企业之间的合作关系，这些企业包括分众传媒、中国联通、圆通速递、华数传媒、华泰证券、光线传媒、石基信息、三江购物、苏宁易购、华谊兄弟、卫宁健康、朗新科技、白云山、新华都、润和软件、南威软件、永安行、新开普、万东医疗等。

总之，从概念上来看，上述企业都属于阿里巴巴生态系统内的成员。在阿里巴巴发展过程中，这些企业也会同步成为受益者。

二、阿里云概念股——先进数通

先进数通是一家为商业银行、大型互联网企业等大中型企业客户提供IT

解决方案及服务的企业，同时也是为四大行提供IT基础设施建设及运维服务的服务商。

自2020年5月开始，先进数通与阿里云在数据管理领域有多个合作项目处于实施阶段，自此，先进数通成为阿里巴巴概念股。

截至2021年年底，先进数通的总营收为39.14亿元，每股盈利0.51元，每股净资产为3.77元。2022年6月底，该股总市值为37亿元左右，每股股价为12元左右。

从基本面上来看，先进数通的基本面一般，股价不高。相对于很多绩优股，先进数通的盘子更小，也更容易成为资金热炒的对象。在阿里巴巴概念、数字货币热炒过程中，很容易被资金爆炒。

下面来看一下先进数通的案例，如图5-18所示。

先进数通的股价，在市场上炒作数字货币的风潮下，加之自身所拥有的阿里巴巴概念股属性，成为市场上的一个热门标的。

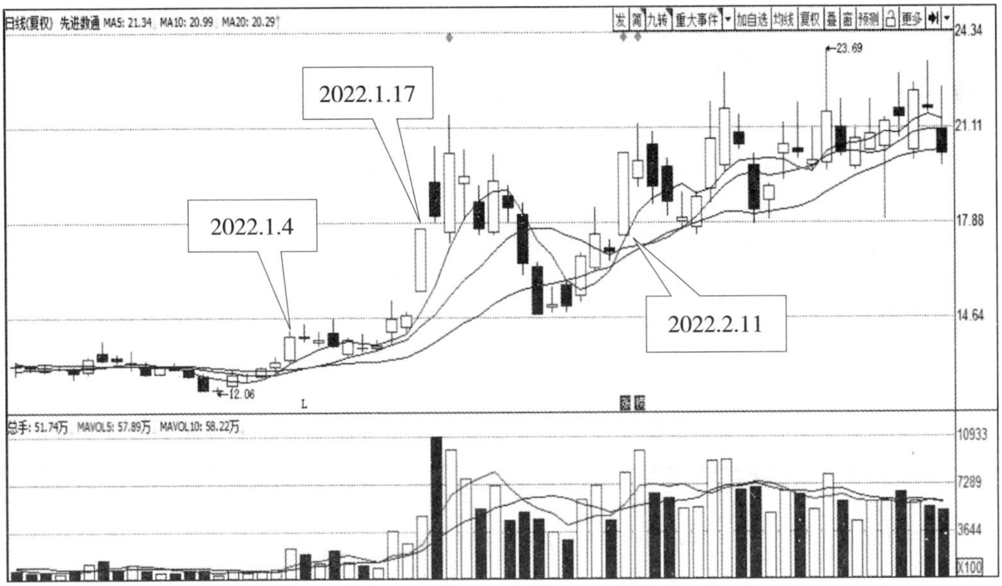

图5-18 先进数通（300541）日K线走势图

2022年1月初，先进数通的股价启动了一波快速上升行情。1月17日，该股股价更是拉出一个涨停板。此后，经过一波回调后，2月11日股价再度封上涨停板。

该股股价自2021年12月底的12.06元一波振荡上升至23元以上。

三、蚂蚁金服——新华联

蚂蚁金服改制为股份公司后，一些上市公司参与投资了蚂蚁金服，新华联就是这种情况。新华联的控股股东通过云峰基金投资了蚂蚁金服，这也使得新华联具备了蚂蚁金服概念。新华联本身是一家“文旅+金融+地产”定位的企业，投资方向主要是文旅景区的开发与运营、房地产开发与建设等项目。

截至2021年年底，新华联的总营收为85.99亿元，每股盈利-2.5元，每股净资产为1.4元。2022年6月底，该股总市值为50亿元左右，每股股价为2.6元左右。

从基本面上来看，新华联的基本面不佳，股价也不高，相对其亏损的业绩也不算低。但新华联的盘子小，加上有热门概念的标签，因而常常成为资金热炒的对象。

下面来看一下新华联的案例，如图5-19所示。

在市场上掀起基建炒作风潮时，阿里巴巴概念也同步出现了一波炒作行情，新华联成为当时市场上的一个热门标的。

2022年1月初，新华联的股价启动了一波快速上升。1月6日，该股股价更是拉出一个涨停板。此后，股价又连续拉出了多个涨停板。

该股股价在几个交易日内就实现了80%以上的涨幅，由此可见资金炒作有多么凶猛。

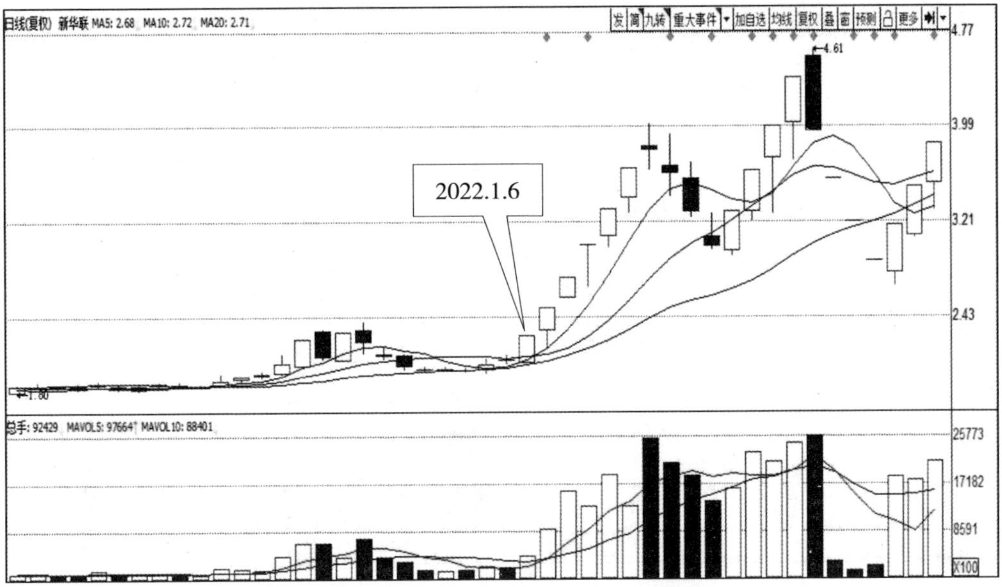

图5-19　新华联（000620）日K线走势图

四、电商平台概念股——三江购物

三江购物致力于打造互联网时代新零售的社区生鲜超市。2018年8月，杭州阿里巴巴旗下的阿里巴巴泽泰信息技术有限公司认购三江购物非公开发行的股票约1.37亿股，认购金额14.66亿元，自此以后，三江购物成为阿里巴巴概念股之一。

截至2021年年底，三江购物的总营收为39.25亿元，每股盈利0.16元，每股净资产为5.66元。2022年6月底，该股的总市值为55亿元左右，每股股价为10元左右。

从基本面上来看，三江购物的基本面一般，股价也不算高。但作为拥有阿里巴巴概念、社区团购概念的股票，三江购物的盘子小，因而常常成为资金热炒的对象。

下面来看一下三江购物的案例，如图5-20所示。

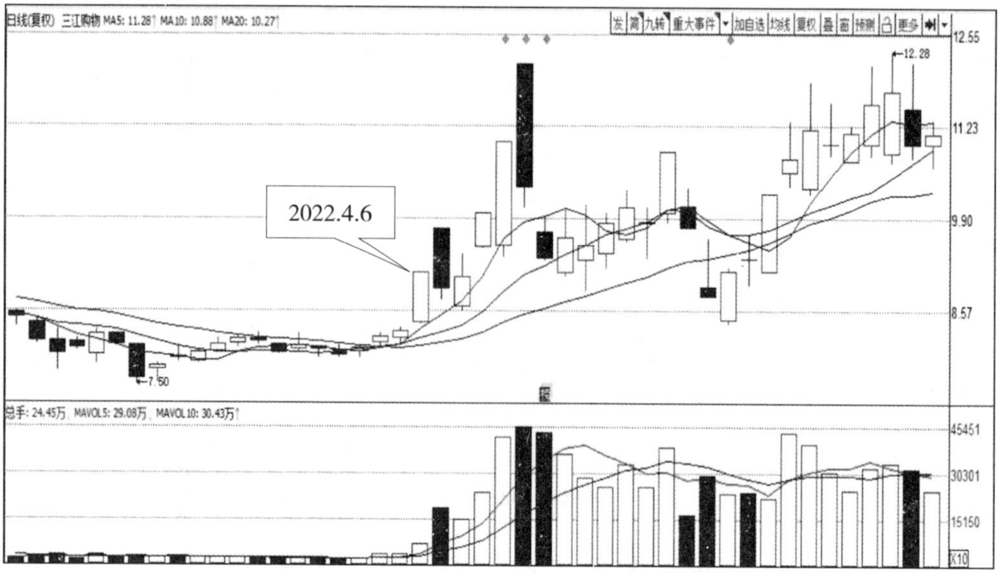

图5-20 三江购物（601116）日K线走势图

2022年4月之前，在很长的时间内，三江购物的股价一直在低位振荡盘整。

2022年4月，在浙江地区疫情缓解的情况下，零售概念成为市场热炒的风向，加之自身具有阿里巴巴概念，三江购物更容易成为资金追捧的目标。

该股股价自4月6日出现第一个涨停板后，5个交易日内出现了3个涨停板，这说明资金对其极为看好。

当然，资金追涨的短线强势股，很多都不是基于企业业绩优良，而是因为其所具有的概念或故事。比如，三江购物就是具有零售概念、社区团购概念以及阿里巴巴概念于一身的企业。这类股票的盘子很小，因而更容易成为短线资金攻击的目标。

五、菜鸟网络概念股——新宁物流

新宁物流是一家以电子元器件保税仓储为基础，并为电子信息产业供应链中的原料供应、采购与生产环节提供一体化物流与供应链管理服务的物流企业。该公司在长三角地区电子信息产业链中具有不可或缺的地位。

菜鸟网络建设需以大量仓储资源为依托，因而掌握高效智能化保税仓储管理技术的新宁物流就成为受益方，从而成为菜鸟网络概念股。

截至2021年年底，新宁物流的总营收为8.83亿元，每股盈利-0.42元，每股净资产为0.05元。2022年6月底，该股总市值为20亿元左右，每股股价为4.5元左右。

从基本面上来看，新宁物流的基本面不佳，股价并不算低。但作为拥有菜鸟网络概念、智能物流概念的股票，新宁物流的盘子小，因而常常成为资金热炒的对象。

下面来看一下新宁物流的案例，如图5-21所示。

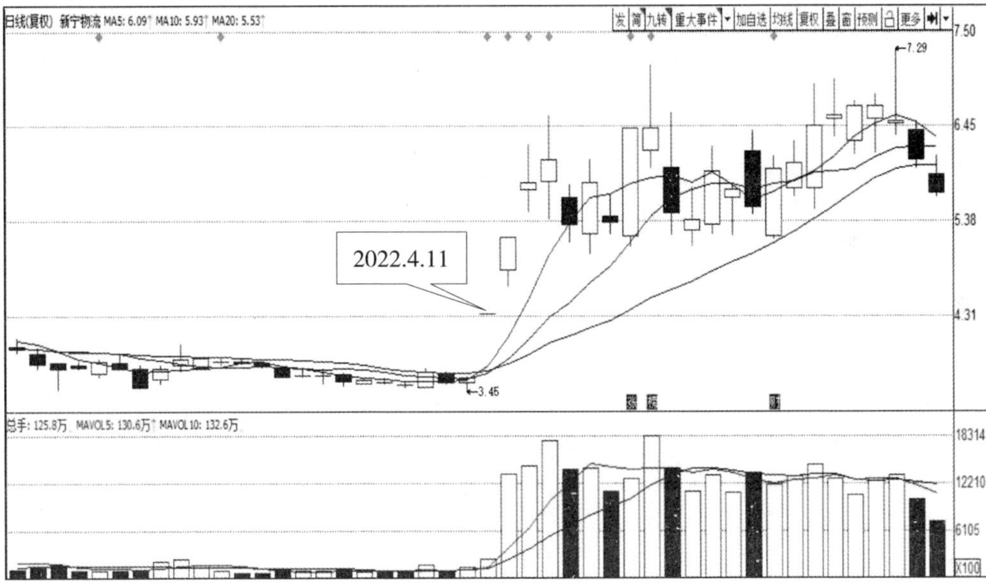

图5-21　新宁物流（300013）日K线走势图

2022年4月10日之前，在很长的时间内，新宁物流的股价一直在低位振荡盘整。

2022年4月10日，《中共中央国务院关于加快建设全国统一大市场的意见》（以下简称《意见》）发布。《意见》提出建设现代流通网络，而新宁物流的业务主要包括进出口货物保税仓储管理，配送方案设计与实施，及与之相关的货运代理、进出口通关等。总之，新宁物流成为《意见》的最佳受益标的。

2022年4月11日，在利好消息的刺激下，新宁物流的股价直接一字封板涨停。次日，该股再度涨停，短期内该股股价从3.45元上涨至7元以上。

第六章

新能源相关产业链概念

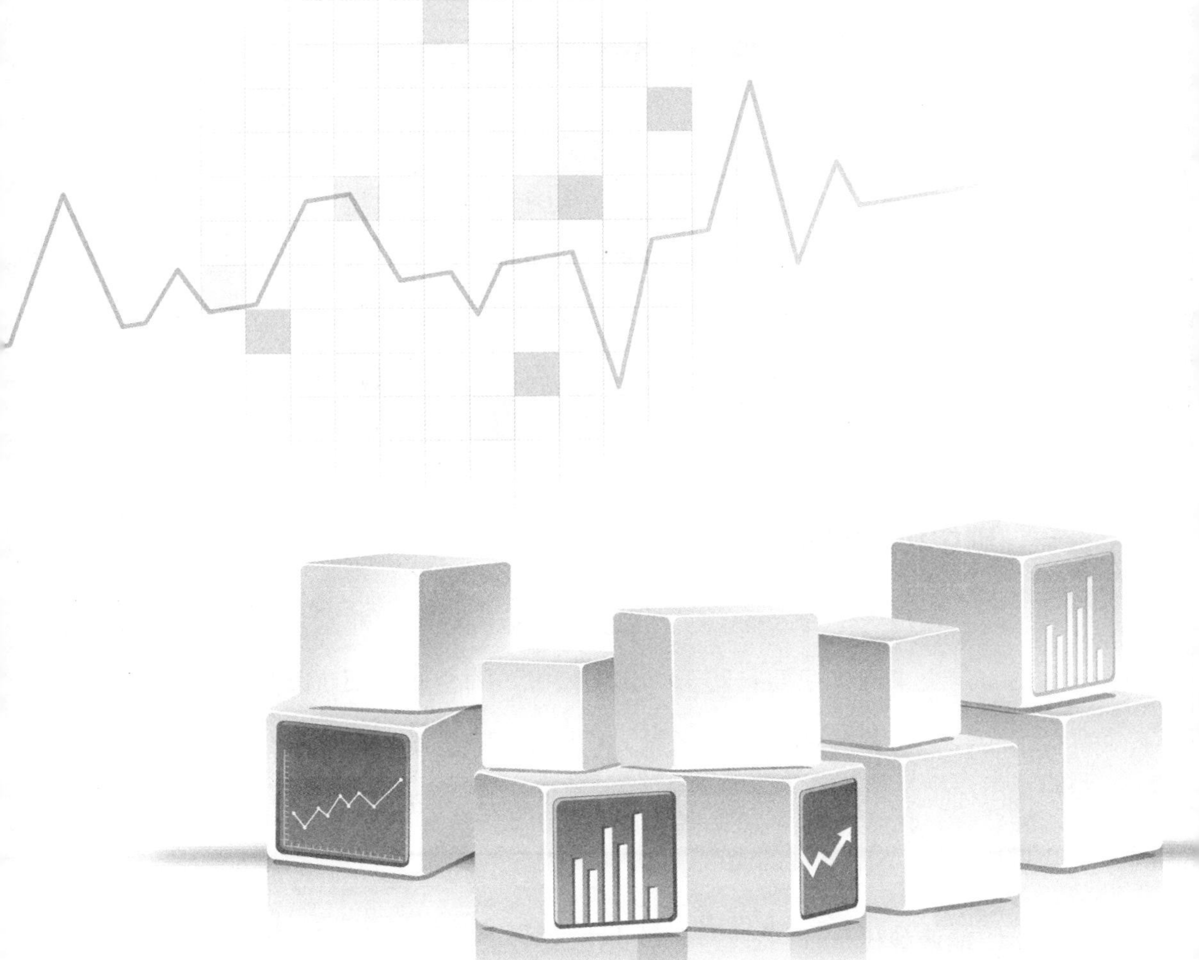

自2020年下半年开始，整个新能源产业板块正式启动。虽然各个细分领域内的股票涨跌有差别，并且经历了几波规模较大的调整，但整体上保持了振荡上升的态势。特别是随着全球变暖趋势的加强，节能减排已经成为大势所趋，新能源产业更是确定性非常高的一个发展方向。

第一节　碳中和概念

在2020年9月份的第七十五届联合国大会一般性辩论上，国家主席习近平向全世界表示，中国将提高国家自主贡献力度，采取更加有力的政策和措施，二氧化碳排放力争于2030年前达到峰值，努力争取2060年前实现碳中和。随后，在多次重大工作会议和对外问答过程中，高层人物都提到了碳达峰和碳中和目标，碳中和概念应运而生。

一、碳中和产业链

碳中和是一个庞大的工程，涉及的产业和环节也非常多，非常庞杂。从大的方向上来说，只要有助于“节能减排”的企业，都可以归入“碳中和”概念范畴。从具体的分类上来看，“碳中和”大致包括这样4个细分领域，如图6-1所示。概括起来说，碳中和产业链中最核心的环节就是图中所示的4个板块。

1. 能源替代

随着全球经济的发展和人口的增加，能源消耗的增加是不可避免的。用

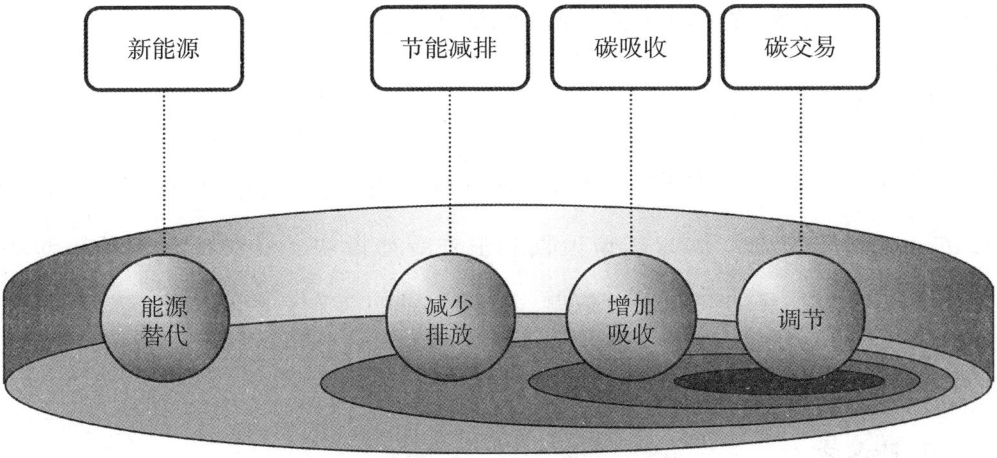

图6-1　碳中和产业链

低碳的新能源取代传统的高碳能源，是能源消费未来的主要发展趋势。因此，以太阳能、风能、水力发电、核电等为代表的新能源，会成为未来一段时间内的重点发展方向。

相关产业内的企业以及这些企业上游的设备生产商，都将成为受益方。该领域内的上市公司包括但不限于隆基绿能、金风科技、太阳能、天合光能、华能水电、中国广核、三峡能源、阳光电源等。

2. 节能减排

世界不可能一夜之间将传统能源全部切换为新能源，未来一段时间内，传统能源仍将处于主导地位。为了降低碳排放，就必须加大对传统能源消耗产业的改造力度，降低碳排放。

相对而言，越是传统能源消耗大户，越可能成为节能减排的重点对象，比如传统的电力、钢铁、水泥、化工、机械等产业。当然，受益最为明显的还是为这些企业提供节能减排设备以及技术支持的环保类企业。

比较有代表性的企业包括海螺水泥、华菱钢铁、包钢股份、河钢股份、中信重工、龙源技术、万华化学、东方电气、徐工机械、中国中车、中材节能、同兴环保、盾安环境、名家汇、雪迪龙等。

3. 碳吸收

通过大力发展森林碳汇、碳捕获及存储技术，减少碳的排放，也是碳中和的一个战略方向。林业是碳吸收的主要受益板块，受益标的包括启迪环境、洛阳纸业、青山纸业、泉阳泉、永安林业、美利云、福建金森、远达环保、平潭发展、中材节能等。

4. 碳交易

将二氧化碳排放权作为一种商品，形成碳排放交易市场，有助于各家企业有意识地降低碳排放量。

碳交易受益标的包括但不限于蓝晓科技、三峡能源、华自科技、凯美特气、杭氧股份、上海环境、晋控电力、永安林业等。

二、能源替代——隆基绿能

隆基绿能是全球知名的单晶硅生产制造企业，其业务范围涉及晶硅棒、硅片、电池和组件的研发、生产和销售，同时，也为集中式地面电站和分布式太阳能屋顶开发提供产品和系统解决方案。

太阳能发电是碳中和概念中能源替代的核心产业，也是未来重点发展的一个方向。目前，在光伏发电领域，隆基绿能是绝对的龙头老大。

截至2021年年底，隆基绿能的总营收为809.32亿元，每股盈利1.69元，每股净资产为9.25元。2022年6月底，该股的总市值为4800亿元左右，每股股价为65元左右。

从基本面上来看，隆基绿能的基本面非常好，股价也不便宜。隆基绿能的盘子较大，因而常常成为各路资金长期驻守的标的。在新能源和碳中和概念热炒过程中，很容易成为市场追踪的核心标的。尽管该股不会像一些小盘股那样出现暴涨行情，但也常常出现波动快速上攻的走势。

下面来看一下隆基绿能的案例，如图6-2所示。

2020年6月之前的几年内，隆基绿能的股价一直处于横向振荡走势，股价大部分时间位于20元以下的区域。

2020年6月，在新能源和碳中和概念的催动下，隆基绿能长期坚持的投资终于进入收获期。随着新能源产业的快速发展，隆基绿能的股价也同步出现了大幅振荡上扬态势。到了2021年11月初，该股股价已经上涨至73.60元的位置，1年多的时间翻了数倍。

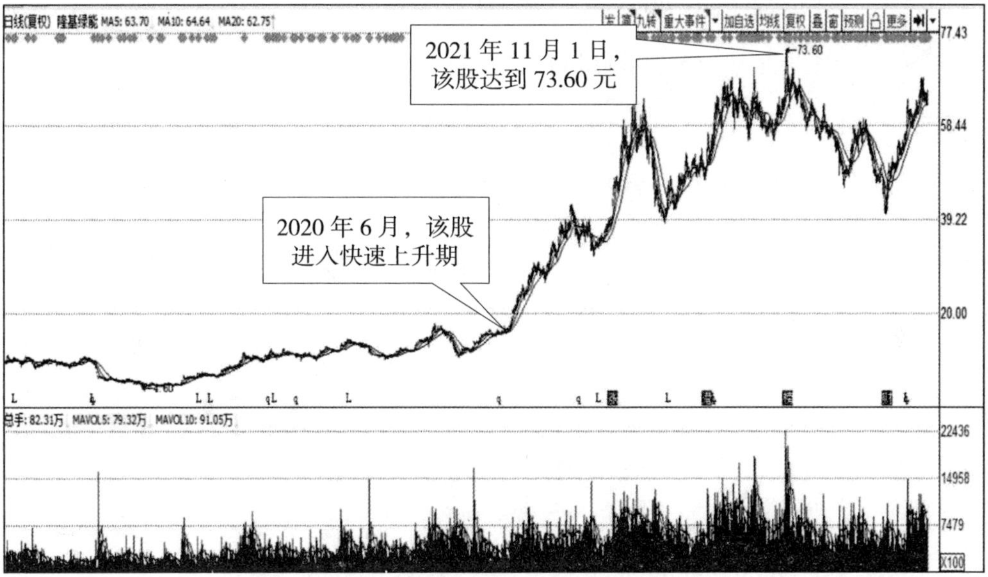

图6-2 隆基绿能（601012）日K线走势图

三、节能减排——中材节能

中材节能是一家从事节能环保工程、建筑节能材料、装备制造的企业，中材节能旗下的企业能够从事余热、余压利用的余热发电全方位服务。

通常来说，在碳中和大背景下，所有的能源消耗大户都应该转型为“节能减排”的标兵。受环保监管逐渐加强的影响，很多高耗能产业开始逐渐进行节能减排环保操作，这也为一些提供节能减排设备以及相关技术的企业提供了良好的发展契机，中材节能就是其中一只。

截至2021年年底，中材节能的总营收为29.41亿元，每股盈利0.23元，每股净资产为3.15元。2022年6月底，该股总市值为43亿元左右，每股股价为7元左右。

从基本面上来看，中材节能的基本面一般，股价不高。相对于很多绩优股，中材节能的盘子更小，也更容易成为资金热炒的对象。在碳中和概念、节能减排热炒过程中，很容易被资金爆炒。

下面来看一下中材节能的案例，如图6-3所示。

2021年2月下旬之前的几个月内，中材节能的股价一直处于横向振荡走势，股价大部分时间位于5元左右的水平。

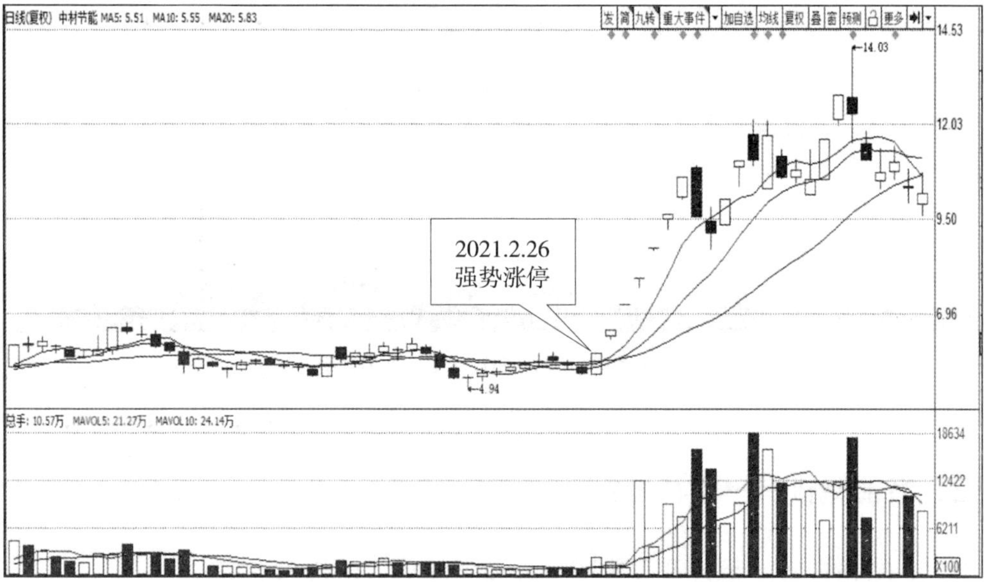

图6-3　中材节能（603126）日K线走势图

2021年2月，节能减排概念成为市场热炒的概念。中材节能因自身概念与之相符，并且盘子较小，因而成为资金重点攻击的目标。2月26日，该股股价突然发力上攻，并强势涨停。此后，股价又连续拉出多个涨停板，成为节能减排概念的龙头股。

四、碳吸收——福建金森

福建金森是农业产业化省级重点龙头企业，全国杉木商品材的重要产区之一，其主要业务范围涉及森林培育营造、森林保有管护、木材生产销售等。

碳吸收领域，目前更多地是与林业、造纸板块有关，福建金森就是其中比较有代表性的一只。

福建金森拥有森林面积近80万亩，该公司已利用部分自有林地开发林业碳汇并获得了一定收益。同时，该公司的全资子公司福建金森碳汇科技有限公司，对外承揽清洁发展机制（CDM）的服务与咨询，国家核证自愿减排（CCER）项目开发等业务。从业务上来看，福建金森属于典型的碳吸收概念股。

截至2021年年底，福建金森的总营收为1.9亿元，每股盈利0.05元，每股净资产为3.23元。2022年6月底，该股的总市值为25亿元左右，每股股价为11元左右。

从基本面上来看，福建金森的基本面一般，股价并不算低。福建金森的营收很低，盘子更小，也更容易成为资金热炒的对象。在碳中和概念、碳吸收热炒过程中，很容易被资金爆炒。

下面来看一下福建金森的案例，如图6-4所示。

2021年5月中旬之前的一段时间内，福建金森的股价一直处于振荡下行走势，股价大部分时间位于11元左右的水平。

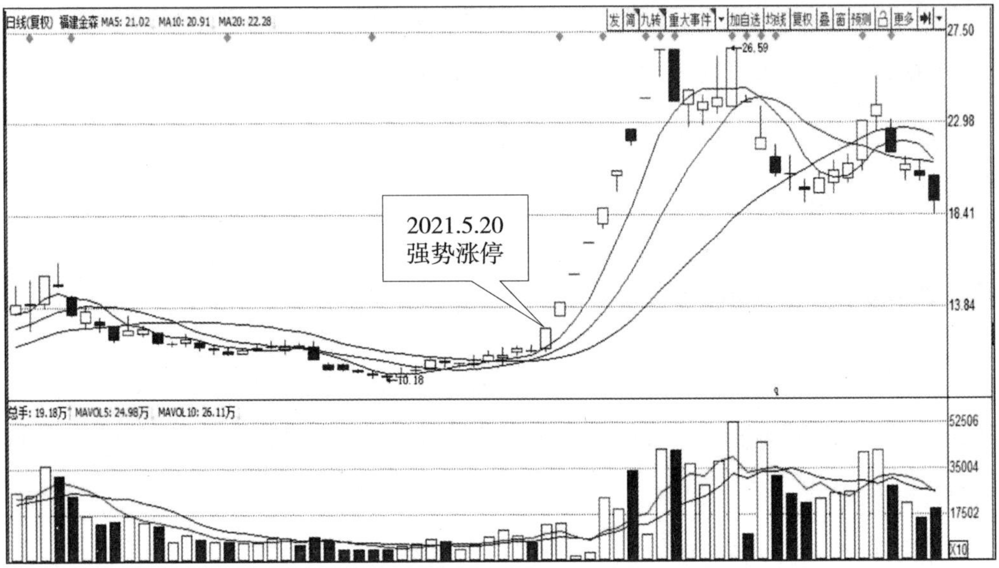

图6-4　福建金森（002679）日K线走势图

2021年5月中旬，碳中和、碳吸收概念成为市场热炒的概念。福建金森因自身概念与之相符，并且盘子较小，因而成为资金重点攻击的目标。5月20日，该股股价突然发力上攻，并强势涨停。此后，股价又连续拉出多个涨停板，成为碳中和、碳吸收概念的龙头股。

五、碳交易——华自科技

华自科技目前在水电站自动化控制设备市场中的占有率位居全国乃至全球第一。该公司参股了湖南省国际低碳技术交易中心有限公司，持股比例为12%，使得公司股票成为了名副其实的碳交易概念股。

碳交易概念也是最近两年被反复炒作的一个概念，华自科技就是碳交易概念板块中一只非常有代表性的股票。

截至2021年年底，华自科技的总营收为22.68亿元，每股盈利0.15元，每股净资产为7.56元。2022年6月底，该股总市值为46亿元左右，每股股价为14元左右。

从基本面上来看，华自科技的基本面一般，股价并不算低。华自科技的营收不高，盘子又小，更容易成为资金热炒的对象。在碳中和概念、碳交易热炒过程中，很容易被资金爆炒。

下面来看一下华自科技的案例，如图6–5所示。

2021年6月中旬之前的一段时间内，华自科技的股价已经出现了振荡上升走势。不过，6月中旬明显有一个回调整理的动作。

6月22日，上海环境能源交易所正式发布《关于全国碳排放权交易相关事项的公告》。受此消息影响，次日（即6月23日）上午碳交易概念走势活跃。华自科技更是因为直接参股了碳交易市场而成为资金首选的攻击目标，当日该股股价强势涨停（20%涨幅），由此可见资金对其追捧程度之高。

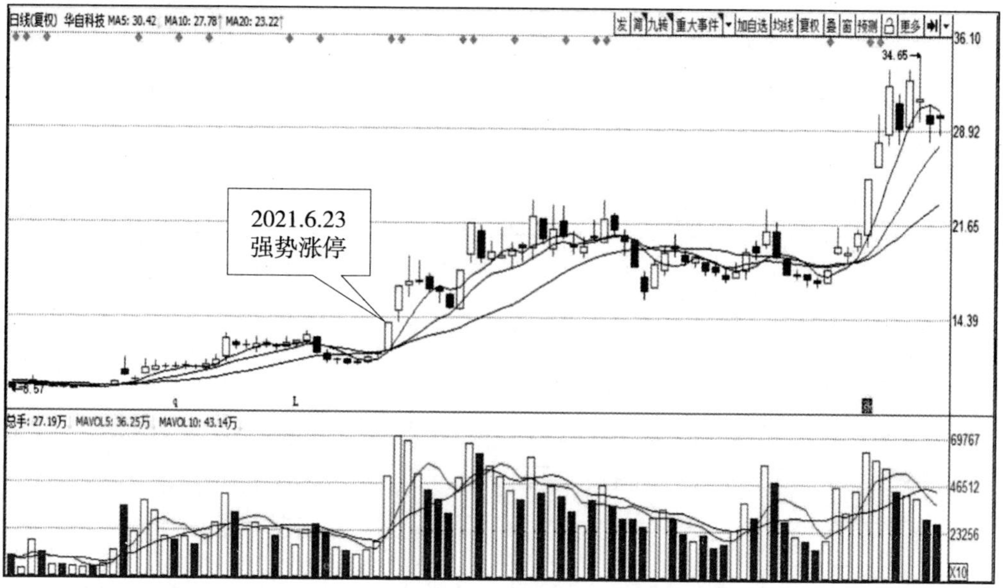

图6–5　华自科技（300490）日K线走势图

第二节　光伏概念

光伏即通过半导体材料将光能转化为电能，是以太阳能电池板为核心部件的一种新能源形式。在“碳中和”背景下，光伏能源因其能够有效降低能源消耗，因而受到各个国家的重视，获得了大力推广应用，光伏产业也迎来了一波快速发展浪潮。

一、光伏产业链

整个光伏产业链大致可以包括3个环节，即上游、中游和下游，如图6-6所示。在整个光伏产业链中，涉及的行业比较多，其中核心领域的上市公司包括但不限于以下3类。

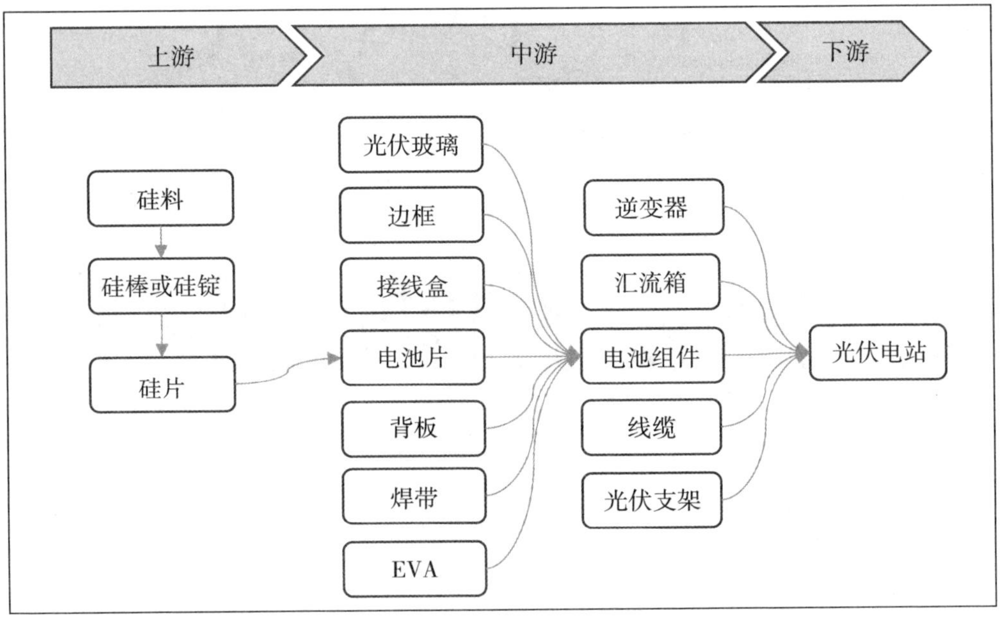

图6-6　光伏产业链

1. 上游：硅料及硅片

这是光伏产业的上游和源头。从事硅料及硅片生产的上市公司并不多，主要可以细分为这样两类。

（1）硅料及硅棒、硅锭。市场上典型的硅料、硅棒生产商包括通威股份、大全能源等。

（2）硅片。市场上的硅片供应商主要包括通威股份、TCL中环两家。这两家硅片供应商在市场上的占比非常高。

2. 中游：电池片、组件及辅料供应商

在光伏产业链的中游，涉及的厂商非常多，特别是一些辅料供应商很多。不过，其中太阳能电池片和光伏组件生产商仍是整个环节的核心。

（1）电池片及组件生产商包括隆基绿能、天合光能、通威股份、晶科能源、亿晶光电、东方日升、拓日新能等。

（2）光伏玻璃生产商包括南玻A、福莱特、洛阳玻璃等。

（3）电池背板生产商包括中来股份、明冠新材等。

（4）胶膜生产商包括东方盛虹、福斯特、海优新材等。

（5）光伏支架生产商包括中信博、清源股份等。

（6）逆变器生产商包括阳光电源、上能电气、禾望电气、固德威、科士达等。

3. 下游：光伏电站

光伏产业的下游主要是光伏电站的建设、运营与维护等。

（1）光伏发电系统集成业务的厂商包括协鑫集成等。

（2）光伏发电站的建设与运营厂商包括隆基绿能、太阳能、林洋能源、天合光能、三峡能源、赣能股份、露笑科技等。

二、硅料厂商——通威股份

通威股份是全球高纯晶硅龙头企业及全球领先的晶硅电池生产企业，也是目前硅片的主要供应商之一。通威股份的业务横跨了光伏产业和农牧（饲料）业务，但光伏业务占比更高，特别是进入2020年下半年后，随着以光伏为代表的新能源行业走强，通威股份的股价也屡创新高。

截至2021年年底，通威股份的总营收为634.91亿元，每股盈利1.82元，每股净资产为8.33元。2022年6月底，该股总市值为2700亿元左右，每股股价为60元左右。

从基本面上来看，通威股份的基本面非常好，股价并不便宜。通威股份的盘子较大，因而常常成为各路资金长期驻守的标的。在新能源和光伏概念热炒过程中，很容易成为大资金追踪的核心标的。尽管该股不会像一些小盘股那样出现暴涨行情，但常常出现波动快速上攻走势。

下面来看一下通威股份的案例，如图6-7所示。

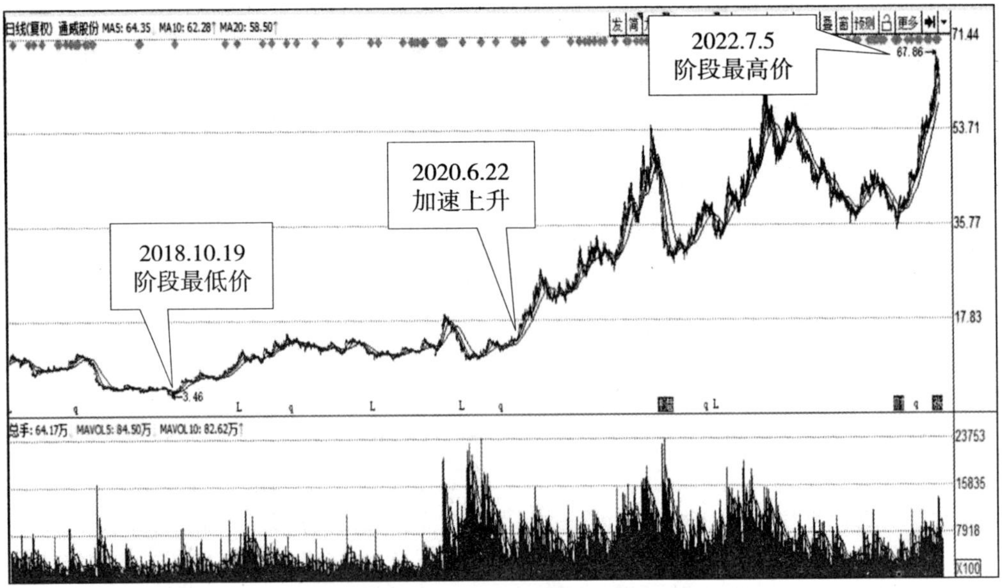

图6-7 通威股份（600438）日K线走势图

2018年10月—2022年7月，通威股份的股价一直呈现出振荡上升走势。该股股价从最低的3.46元上涨至67.86元，涨幅将近20倍。特别是自2020年6月22日开始，在新能源和光伏概念的催动下，该股股价进入加速上升走势，该股大部分涨幅都是在此期间实现的。

从这只股票的走势上可以看出，在正确的时机介入正确行业的股票，然后长期持有，是股市中获利的不二法门。

三、大尺寸硅片——TCL中环

TCL中环是全球领先的光伏新能源材料（单晶硅为主）供应商，在硅片供应市场上是与通威股份相似的另一家硅片制造商。不过，在技术路线方面，TCL中环更加倾向于生产大尺寸硅片。

截至2021年年底，TCL中环的总营收为411.05亿元，每股盈利1.32元，每股净资产为9.8元。2022年6月底，该股总市值为1900亿元左右，每股股价为55元左右。

从基本面上来看，TCL中环的基本面非常好，股价并不便宜。TCL中环的盘子较大，因而与通威股份相似，也常常成为各路资金长期驻守的标的。在新能源和光伏概念热炒过程中，很容易成为大资金追踪的核心标的。尽管该股不会像一些小盘股那样出现暴涨行情，但常常出现波动快速上攻走势。

下面来看一下TCL中环的案例，如图6-8所示。

2021年10月—2022年7月，TCL中环的股价一直呈现出振荡上升走势。该股股价从最低的23.16元上涨至62.21元，股价翻了两倍有余。在新能源和碳中和概念的催动下，股价上涨明显加速。

从股价走势来看，2021年3月—2022年7月的一年多时间里，TCL中环的股价经历了大幅振荡，这也与市场上对其技术路线存在争议有关。但进入2022年4月下旬后，该股股价明显在新能源板块反弹的带动下出现大幅上攻，这是市场对其技术路线的一种认可。

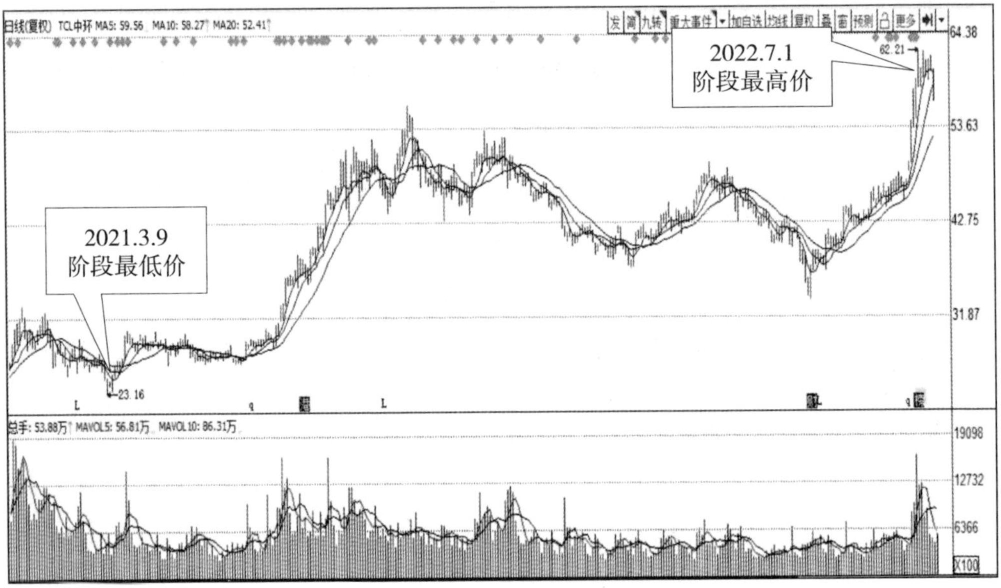

图6-8　TCL中环（002129）日K线走势图

四、光伏组件厂商——天合光能

天合光能是全球领先的光伏智慧能源整体解决方案提供商，也是国内顶级的光伏组件生产商。该公司主要产品有光伏组件、系统产品、光伏电站、智能微网及多能系统等。

截至2021年年底，天合光能的总营收为444.8亿元，每股盈利0.87元，每股净资产为8.09元。2022年6月底，该股总市值为1400亿元左右，每股股价为66元左右。

从基本面上来看，天合光能的基本面较好，股价并不便宜。天合光能的盘子较大，在业务上与隆基绿能相近，也常常成为各路资金长期驻守的标的。在新能源和光伏概念热炒过程中，该股很容易成为大资金追踪的核心标的。

下面来看一下天合光能的案例，如图6-9所示。

在2021年5月之前的时间内，天合光能的股价一直处于横向振荡走势，股价大部分时间位于20元以下的区域。

2021年5月12日，该股股价达到阶段新低的15.15元后开始振荡上攻。此后，由于新能源概念和光伏概念持续受到关注，长期坚持的投资者终于进入收获期。随着新能源产业的快速发展，该股股价也同步出现了大幅振荡上扬态势。到了12月中旬，股价已经上涨至87.07元的位置，翻了4倍有余。

此后，该股股价出现了高位振荡行情。

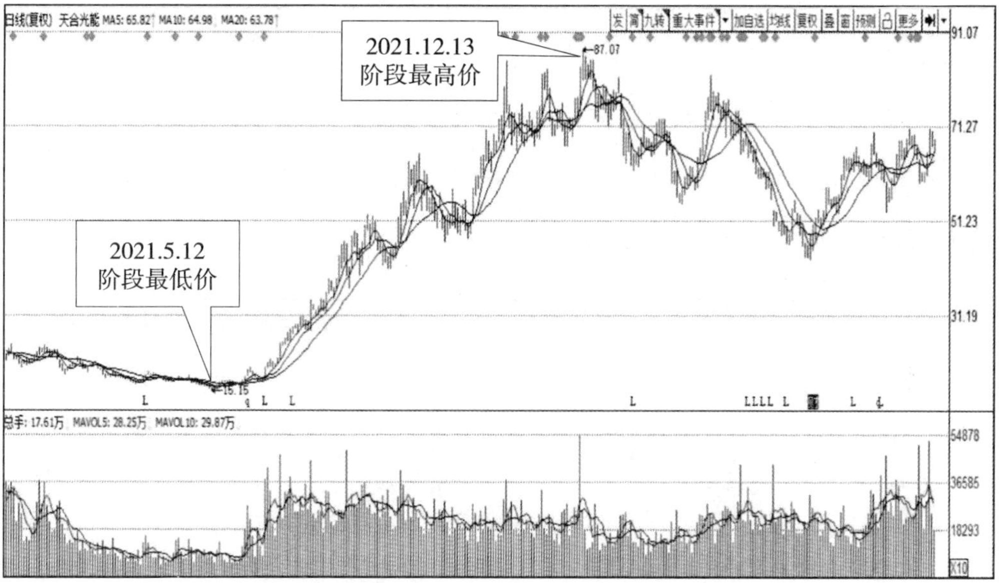

图6-9　天合光能（688599）日K线走势图

五、光伏玻璃——南玻A

南玻A是一家研发、生产制造和销售优质浮法玻璃和工程玻璃、太阳能玻璃和硅材料、光伏电池和组件等可再生能源产品，超薄电子玻璃和显示器件等新材料和信息显示产品，提供光伏电站项目开发、建设、运维一站式服务的公司。

光伏玻璃为南玻A公司的重点发展方向。不过，光伏玻璃在该公司整个玻璃产品中所占的份额低于10%，未来还有很大的发展空间。

截至2021年年底，南玻A的总营收为136.29亿元，每股盈利0.5元，每股净资产为3.72元。2022年6月底，该股总市值为220亿元左右，每股股价为7.3元左右。

从基本面上来看，南玻A的基本面尚可，股价并不贵。南玻A的盘子不大，不过整个玻璃产业的盈利能力并不强，其光伏玻璃对整个企业盈利的贡献十分有限，这就使得在新能源概念炒作行情中，该股仅作为连带性的炒作品种被关注，很少能成为重点炒作品种。

下面来看一下南玻A的案例，如图6–10所示。

在2021年5月之前的时间内，南玻A的股价一直处于横向振荡走势，股价大部分时间位于8元以下的区域。

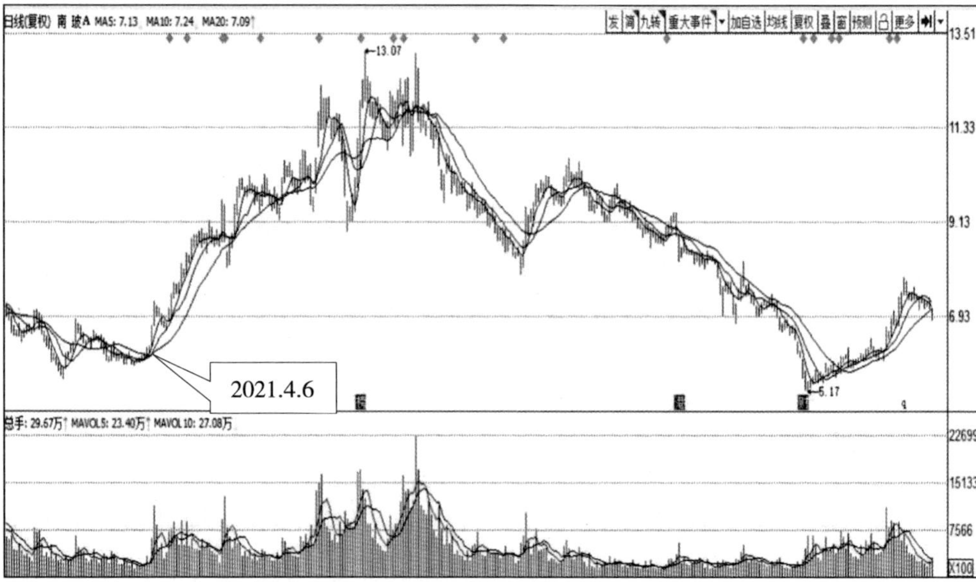

图6–10　南玻A（000012）日K线走势图

2021年4月6日，该股在新能源炒作的浪潮下，由于自身所具有的“光伏玻璃”概念而同步上攻。不过，对照其他几只光伏概念股票的走势可以发现，该股上攻的力度要远远小于之前的天合光能、TCL中环等，这与其光伏玻璃的产能占比相对较小有关。在一波炒作之后，该股股价很快进入下行通道，此后，股价走势又与整个玻璃行业的盈利情况有关。

六、逆变器生产商——阳光电源

阳光电源是全球光伏逆变器出货量最大的公司。该公司业务涉及太阳能、风能、储能、电动汽车等新能源电源设备的研发、生产、销售和服务。

截至2021年年底，阳光电源的总营收为241.27亿元，每股盈利1.08元，每股净资产为10.54元。2022年6月底，该股总市值为1500亿元左右，每股股价为100元左右。

从基本面上来看，阳光电源的基本面尚可，股价还是比较贵的。阳光电源的盘子较大，市值已经相当于营收7倍的水平了，从这一点可以看出市场对该股的认可程度之高。

下面来看一下阳光电源的案例，如图6-11所示。

2020年5月底到2021年7月底，阳光电源的股价一直呈现出振荡上升走势。该股股价从最低的10.62元上涨至180.05元，涨幅将近18倍。该只股票成为那波新能源炒作浪潮中的标杆个股。

这只股票的走势，其实就是新能源概念、光伏概念炒作的一个缩影，也是这个行业的龙头股票。作为投资者，明确市场在某一阶段的主要炒作题材并找到标杆股票，可以说是最佳的股票交易策略。

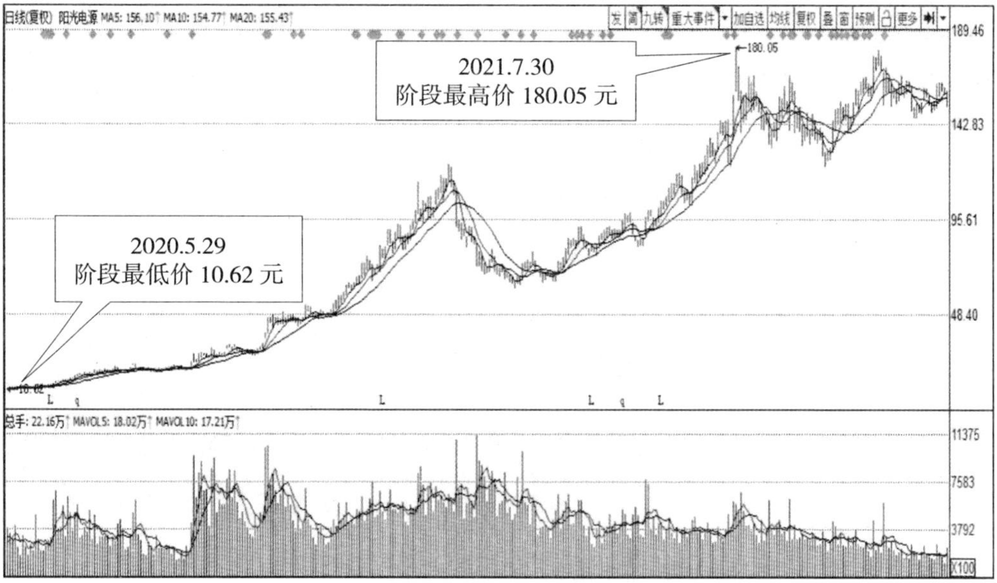

图6-11　阳光电源（300274）日K线走势图

七、光伏电站运营——太阳能

太阳能公司的业务以太阳能光伏电站的投资运营为主，主要产品为电力，该产品主要出售给国家电网。同时，公司还从事太阳能电池组件的生产销售，产品主要用于对外销售。

太阳能公司的主要业务是光伏电站的投资运营，以及太阳能电池组件的生产销售。目前，太阳能公司已经是中国国内装机容量最大的光伏企业。

截至2021年年底，太阳能的总营收为70.16亿元，每股盈利0.39元，每股净资产为4.95元。2022年6月底，该股总市值为250亿元左右，每股股价为8.3元左右。

从基本面上来看，太阳能的基本面尚可，股价并不贵。太阳能的盘子不大，因此常常成为短线资金攻击的对象。

下面来看一下太阳能的案例，如图6-12所示。

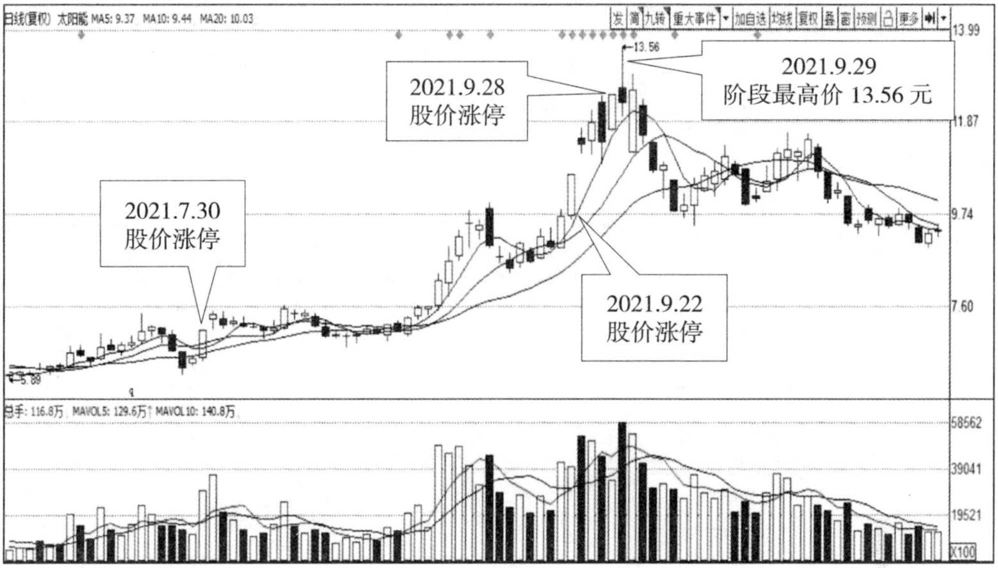

图6-12　太阳能（000591）日K线走势图

在2021年9月之前的时间内，太阳能的股价一直处于横向振荡走势，股价大部分时间位于8元以下的区域。

进入2021年9月后，该股在新能源炒作浪潮下，由于自身所具有的新能源概念，该股同步出现上攻。9月29日，该股股价一度上攻至13.56元的高位。观察该股的走势可以发现，该股要比其他光伏概念股如通威股份、隆基绿能等更容易涨停。

9月29日后，该股股价进入振荡下跌趋势中。

第三节　风电概念

风能是利用空气运动产生的动能来发电的一种能源形式。随着风力发电装机量的增加，风力发电成为仅次于火力发电、水力发电之外的第三大能源发电形式。

一、风电产业链

整个风电产业链大致可以包括3个环节，即上游、中游和下游，如图6–13所示。

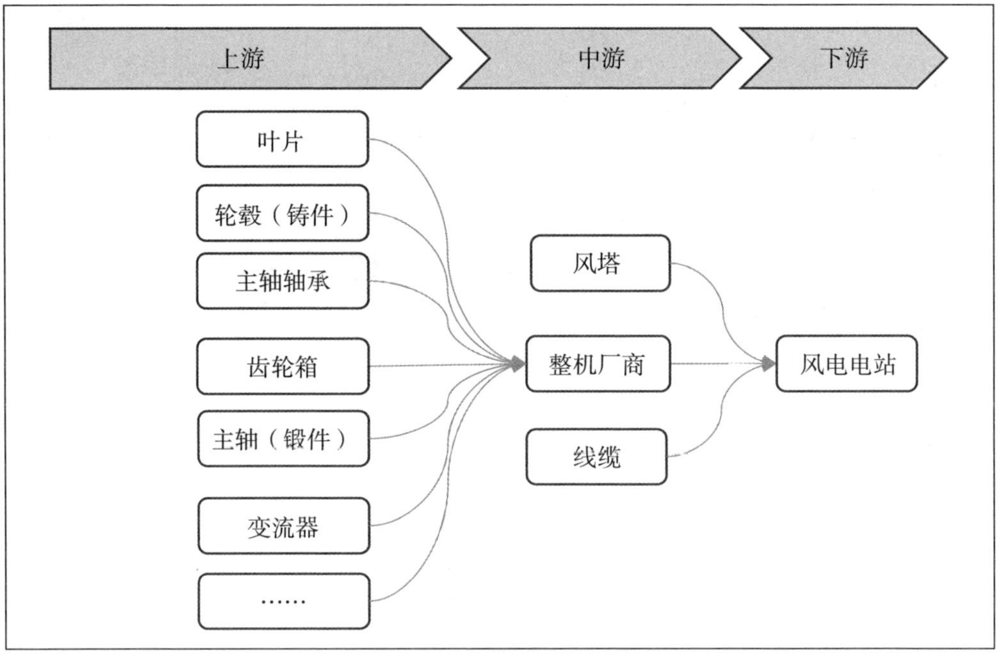

图6–13　风电产业链

在整个风电产业链中，涉及的行业比较多，其中核心领域的上市公司包括但不限于以下几类。

1. 上游：材料及零部件

风电产业链中，材料及零部件涉及的领域较多，具体的上市公司包括但不限于以下7类。

（1）叶片。叶片是风力发电机最核心的部件。市场上，从事叶片生产的企业包括中材科技和时代新材等。

（2）风机铸件。涵盖各类风机铸件，包括齿轮箱壳体、扭力臂、轮毂、底座、行星架、定动轴、主轴套等。生产厂商包括日月股份、广大特材、吉鑫科技、佳力科技、大连重工等。

（3）主轴。风力发电机的主轴部分多由国外企业生产。目前，国内企业能够提供风电主轴产品的主要有金雷股份、通裕重工等。

（4）轴承。国内轴承生产商主要是新强联等。

（5）齿轮箱。国内齿轮箱生产企业主要包括中国高速传动（港股）、航齿前进等。

（6）逆变器。国内逆变器生产企业包括禾望电气、阳光电源等。

（7）其他部件。包括生产法兰的恒润股份，生产结构件的振江股份等。

2. 中游：整机及配套系统

整机及配套系统生产企业包括如下3类。

（1）风电整机生产。在风电整机生产领域，远景能源、金风科技、明阳智能、上海电气占据优势地位（金风科技最高），运达股份也占有一定的市场份额。

（2）风塔。风塔主要用于支撑整个风力发电机。国内风塔生产厂商包括天顺风能、大金重工、天能重工、泰胜风能等。

（3）线缆。线缆生产厂商包括东方电缆、中天科技等。

3. 下游：风电电站建设及运营

风电电站的建设与运营以国有企业为主。上市公司参与风电电站运营的包括金风科技、龙源电力、节能风电等。

二、风电整机生产——金风科技

金风科技是国内最大的风力发电机组整机制造商，其主营业务涉及风机制造、风电服务、风电场投资与开发以及水务等。在风力发电领域，金风科技是绝对的龙头股票。

截至2021年年底，金风科技的总营收为505.71亿元，每股盈利0.79元，每股净资产为7.94元。2022年6月底，该股总市值为600亿元左右，每股股价为14.50元左右。

从基本面上来看，该股的基本面非常好，股价相对其他新能源股还是比较便宜的。当然，这与市场资金在追踪新能源概念时，将光伏放在首选位置有密切关系。正因如此，市场对金风科技的估值偏低。

下面来看一下金风科技的案例，如图6-14所示。

2021年7月—11月，金风科技的股价一直呈现出振荡上升走势，股价从7月中旬的12元左右上涨至20.95元。当时，在新能源和碳中和概念的催动下，该股股价上涨明显加速，期间还出现了几个涨停板。不过，与其他新能源龙头相比，仍是属于涨幅较低的。

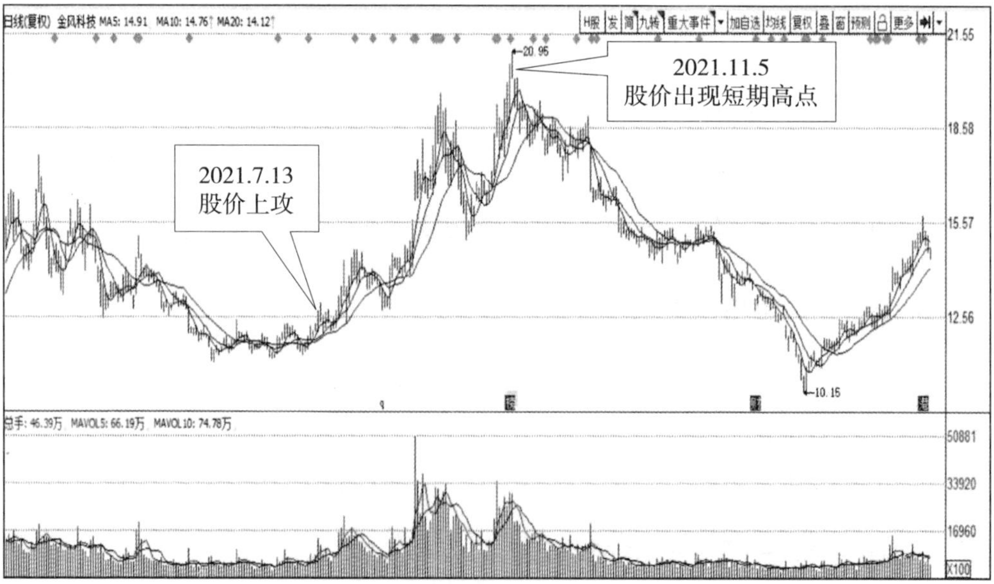

图6-14　金风科技（002202）日K线走势图

从大的趋势上来看，最近两年，金风科技的股价一直呈横向宽幅振荡态势。股价在一个比较大的区域内振荡，这使很多资金通过该股股价的波段运动获得丰厚的收益，因而不愿意大幅向上拉升股价。

从这里也可以看出，投资者在选股时，一定要对个股的股性特别是波动特性有所熟悉和了解，不能一厢情愿地看涨或看跌某只个股。

三、风电整机生产——明阳智能

明阳智能是国内大型风力发电机组制造商、风电电站运营商。该公司的主要业务涉及新能源高端装备制造，新能源电站投资运营及智能管理业务等。在风电领域，明阳智能的风电装机量是低于金风科技的。

截至2021年年底，明阳智能的总营收为271.58亿元，每股盈利1.6元，每股净资产为9.44元。2022年6月底，该股总市值为750亿元左右，每股股价为33元左右。

从基本面上来看，该股的基本面非常好，股价相对其他新能源股还是比较便宜的。与金风科技相比，明阳智能的营收虽低，但整个基本面要优于金风科技，这是资金更加青睐明阳智能的原因。

下面来看一下明阳智能的案例，如图6-15所示。

2021年6月—11月，明阳智能的股价一直呈现出振荡上升走势。该股股价从6月初的最低价13.73元上涨至35.81元，也就是说，该股股价在5个月的时间里翻了两倍多。当时，在新能源和碳中和概念的催动下，该股股价上涨明显加速，期间还出现了几个涨停板。

相比之前的金风科技，明阳智能的涨幅更大，这说明资金更加青睐这只股票。当然，相对于其他新能源龙头股，明阳智能的涨幅不算太多。不过，考虑其身处的风能板块，已经是非常不错的了。

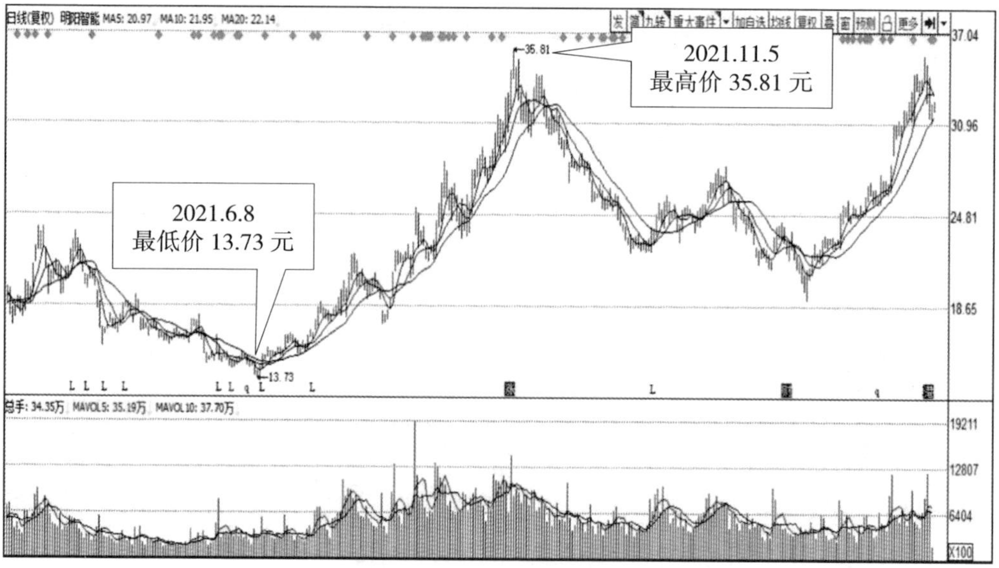

图6-15 明阳智能（601615）日K线走势图

四、风塔及零部件生产——天顺风能

天顺风能是中国最具规模的风力发电塔架专业制造企业之一，其核心业务涉及风塔及零部件的生产和销售，风电叶片及模具的生产和销售，风电场项目的开发投资、建设和运营业务。

截至2021年年底，天顺风能的总营收为81.72亿元，每股盈利0.73元，每股净资产为4.31元。2022年6月底，该股总市值为300亿元左右，每股股价为16元左右。

从基本面上来看，该股的基本面不错，股价相对其他新能源股还是比较便宜的。与金风科技相比，天顺风能的营收要低很多。市值不足金风科技的一半，但盘子小一点儿，更容易获得资金青睐。

下面来看一下天顺风能的案例，如图6-16所示。

2021年6月—11月，天顺风能的股价一直呈现出了振荡上升走势。这段时间是整个新能源板块上攻的时段。

天顺风能的股价从6月中旬的最低价7.64元上涨至23.59元，也就是说，该股股价在不到5个月的时间里翻了3倍多。当时，在新能源和碳中和概念的催动下，该股股价上涨明显加速，期间还出现了几个涨停板。

相比之前的金风科技、明阳智能，天顺风能的涨幅更大，这说明资金更加青睐这只小盘股。

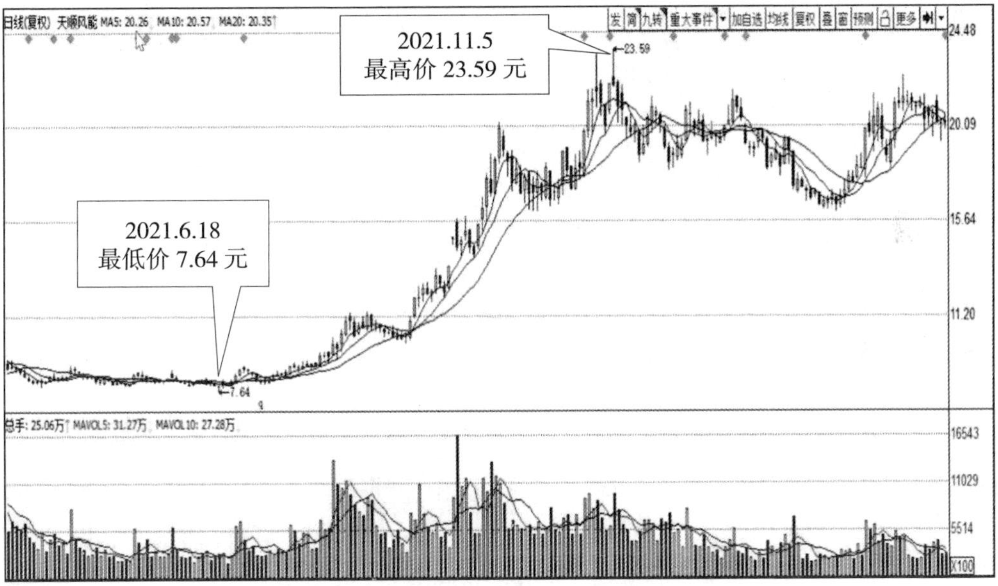

图6-16　天顺风能（002531）日K线走势图

五、风电主轴生产商——金雷股份

金雷股份是一家专业研发、生产风电主轴的高新技术企业，其核心业务包括研发、生产和销售风力发电机主轴及各类大型铸锻件等。

截至2021年年底，金雷股份的总营收为16.51亿元，每股盈利1.9元，每股净资产为12.43元。2022年6月底，该股总市值为130亿元左右，每股股价为50元左右。

从基本面上来看，该股的基本面不错，股价相对其他风电股来说还是有点儿高，但考虑其总市值不过130亿元，是可以接受的。从投资的角度来看，这类小盘股成长空间更大，因而会赋予更高的估值。

下面来看一下金雷股份的案例，如图6-17所示。

2021年5月—11月，金雷股份的股价一直呈现出振荡上升走势。这段时间是整个新能源板块上攻的时段。

图6-17　金雷股份（300443）日K线走势图

金雷股份的股价从5月中旬的最低价23.52元上涨至77.48元，也就是说，该股股价在不到6个月的时间里翻了3倍多。当时，在新能源和碳中和概念的催动下，该股股价上涨明显加速，期间还出现了几个涨停板。

第四节　储能概念

储能是指通过介质或设备将能量存储起来，在需要的时候再释放出来。从本质上来说，储能技术是之前就存在的，只是没有发展成为一个独立的产业。

最近两年，随着新能源的发展，储能技术的重要性被广泛认识，因而储能行业迎来了一波快速发展的浪潮。

一、储能形式及产业链

目前，储能的形式主要包括如下3类，如图6-18所示。

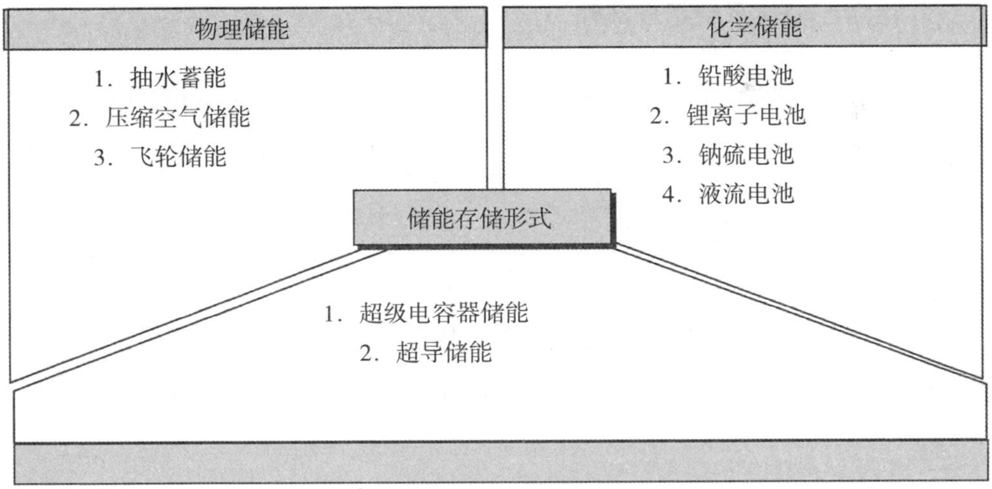

图6-18　储能的类型

整个储能产业链大致可以包括3个环节，即上游、中游和下游，如图6-19所示。

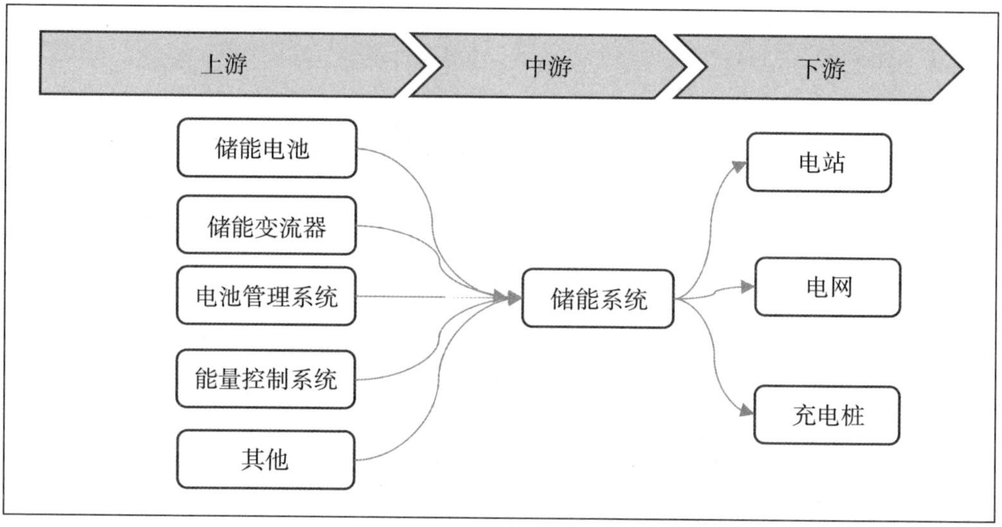

图6-19 储能产业链

在整个储能产业链中可以看出，整个储能行业的参与方大多数都是新能源产业内的企业，其中各个核心领域的企业包括但不限于以下3类。

1. 上游：储能系统组成部件

储能系统组成部件中，储能电池、变流器等都是非常核心的部件。其生产厂商如下。

（1）储能电池是储能系统成本最大的一个构成部分，其生产厂商包括宁德时代、比亚迪、中航锂电、国轩高科、亿纬锂能、天津力神等。

（2）储能变流器生产厂商包括阳光电源、许继电气、科士达、科华恒盛、上能电气、固德威、盛弘电气、中天科技、国电南自、特变电工、科陆电子等。

（3）储能电池管理系统生产厂商，包括松芝股份、星云股份、均胜电子、科列技术等。

（4）储能能量管理系统生产厂商，包括国电南瑞、华自科技、金风科技等。

（5）抽水蓄能相关企业包括三峡能源、湖北能源、赣能股份、顺钠股份、金盘科技等。

2. 中游：储能系统的集成与安装

储能系统的集成与安装厂商包括阳光电源、科陆电子、南都电源、德赛电池、赣锋锂业等。

3. 下游：储能系统的应用

储能系统能够广泛地应用在水电站、风电站、光伏电站、充电电站等，因而很多能源企业、充电桩运营企业都可能成为储能产业的下游。

储能系统应用企业包括赣能股份、金智科技、三峡能源、宁波能源。

二、抽水蓄能概念股——三峡能源

中国三峡新能源(集团)股份有限公司主营业务为风能、太阳能的开发、投资和运营，主要产品有海上风电、陆上风电、光伏发电等。

最近几年，三峡能源积极发展陆上风电、光伏发电，大力开发海上风电，深入推动源网荷储一体化和多能互补发展，积极开展抽水蓄能、储能、氢能等业务，这使得三峡能源具有了“储能+抽水蓄能”双重概念。

截至2021年年底，三峡能源的总营收为154.84亿元，每股盈利0.23元，每股净资产为2.41元。2022年6月底，该股的总市值为1800亿元左右，每股股价为6.5元左右。

从基本面上来看，该股的基本面不错，流通盘不小。不过，由于三峡能源属于2021年上市的新股，绝大多数股份并未上市流通，也就是说，实际流通的股本数不到总股本的1/3，这也是很多资金敢炒作这只股票的原因所在。

下面来看一下三峡能源的案例，如图6–20所示。

三峡能源是2021年6月10日上市的新股，开盘于3.14元。此后的几个交易日，在新股光环加上“储能+抽水蓄能”等多重概念加持下，该股股价连续多日上攻，并在6月24日上涨至8.75元，相比首日开盘价翻了2倍多。

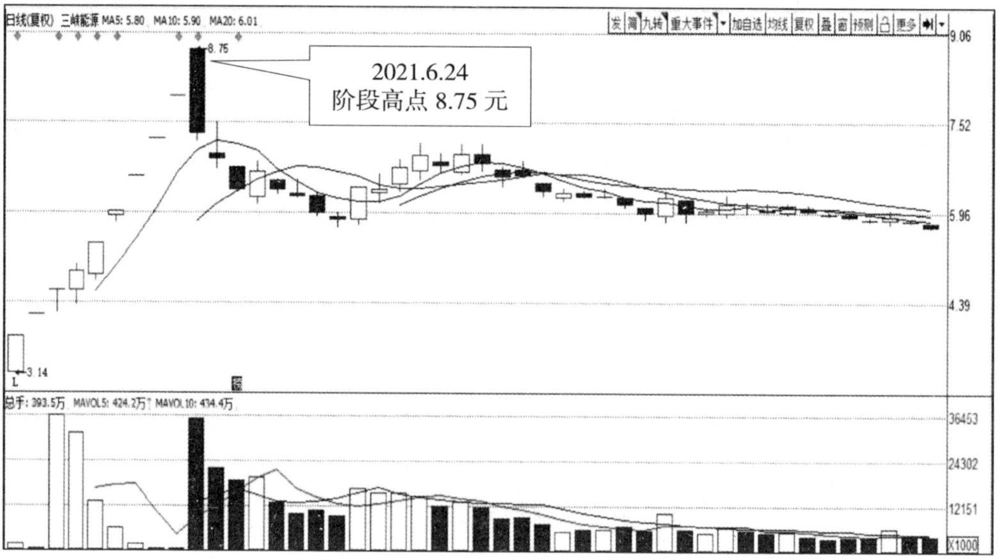

图6–20　三峡能源（600905）日K线走势图

三、锂电池概念股——国轩高科

国轩高科是动力锂电池行业领先者，其核心业务涉及动力锂电池和输配电设备两大业务板块。国轩高科在储能应用领域早有布局，近年来持续开拓国内外储能市场，拥有上海电气国轩新能源科技有限公司43%的股份，该公司主要业务为基于钛酸锂材料为负极的储能电池及其材料、电池管理系统、系统集成、电源综合管理系统等。

截至2021年年底，国轩高科的总营收为103.56亿元，每股盈利0.08元，每股净资产为11.28元。2022年6月底，该股总市值为740亿元左右，每股股价为45元左右。

国轩高科的基本面一般，净资产收益率过低。不过，由于国轩高科属于储能概念中锂电池的核心标的，加上盘子不是很大，因而更容易引起资金的关注和青睐。

下面来看一下国轩高科的案例，如图6-21所示。

在2021年年底到2022年4月股市大盘下跌的过程中，国轩高科也随之下跌，该股股价一度下跌至22.57元。

自2022年4月26日开始，大盘出现反弹迹象，新能源概念特别是储能概念一马当先，成为反弹的先锋。到了7月8日，该股股价已经达到51元的阶段高点。也就是说，该股股价在两个月的时间里就实现了翻番，由此可见市场对储能概念的推崇程度之高。

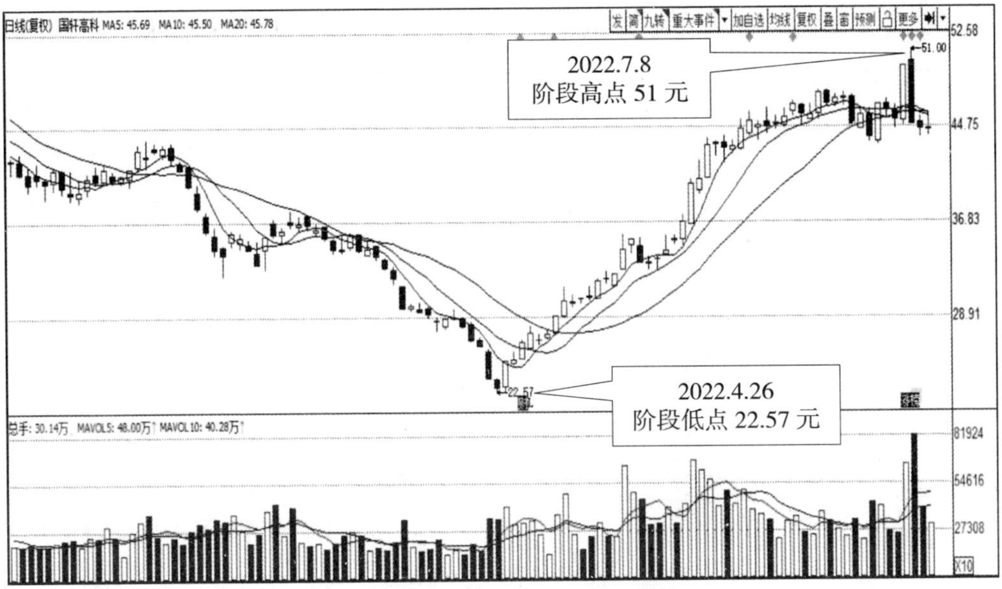

图6-21　国轩高科（002074）日K线走势图

四、逆变器概念股——固德威

固德威是全球排名前列的逆变器品牌，其主营业务涉及太阳能、储能等新能源电力电源设备的研发、生产和销售等。光伏逆变器是公司的核心产品，公司已研发并网及储能全线20多个系列光伏逆变器产品。

截至2021年年底，固德威的总营收为26.78亿元，每股盈利3.18元，每股净资产为18.82元。2022年6月底，该股总市值为400亿元左右，每股股价为300元左右。

固德威的基本面不错，每股盈利很高，股价也不便宜。由于固德威属于储能概念中的逆变器核心标的，加上盘子不是很大，因而更容易引起资金的关注和青睐。

下面来看一下固德威的案例，如图6-22所示。

在2021年年底到2022年4月股市大盘下跌的过程中，固德威也随之下跌，该股股价一度下跌至112.21元。

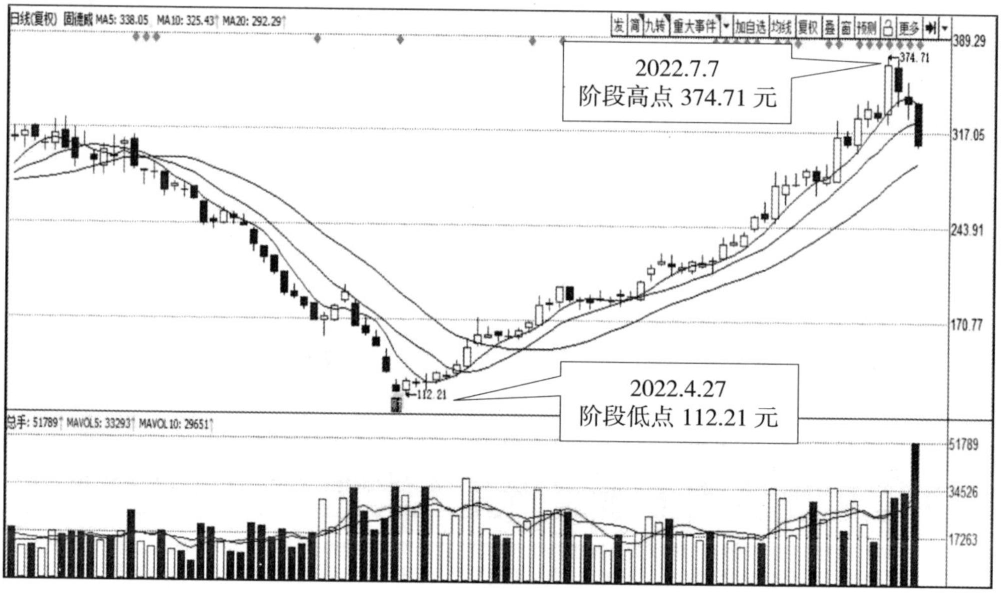

图6-22 固德威（688390）日K线走势图

自2022年4月27日开始，大盘出现反弹迹象，新能源概念特别是储能概念一马当先，成为反弹的先锋。到了7月7日，该股股价已经达到374.71元的阶段高点。也就是说，该股股价在两个多月的时间里翻了3倍多，由此可见市场对储能概念和逆变器概念的推崇程度之高。

五、电池管理系统概念股——松芝股份

松芝股份是一家专业从事汽车、轨道交通及冷链物流等领域热管理相关产品研发、生产和销售的企业。该公司已经开始布局储能设施的电池热管理领域，并在2021年开始陆续推出相关产品。

截至2021年年底，松芝股份的总营收为41.24亿元，每股盈利0.18元，每股净资产为5.87元。2022年6月底，该股总市值为60亿元左右，每股股价为10元左右。

松芝股份的基本面尚可，每股盈利不高，股价不高。由于松芝股份属于储能概念中电池热管理系统核心标的，加上盘子很小，很容易成为资金攻击的对象。

下面来看一下松芝股份的案例，如图6-23所示。

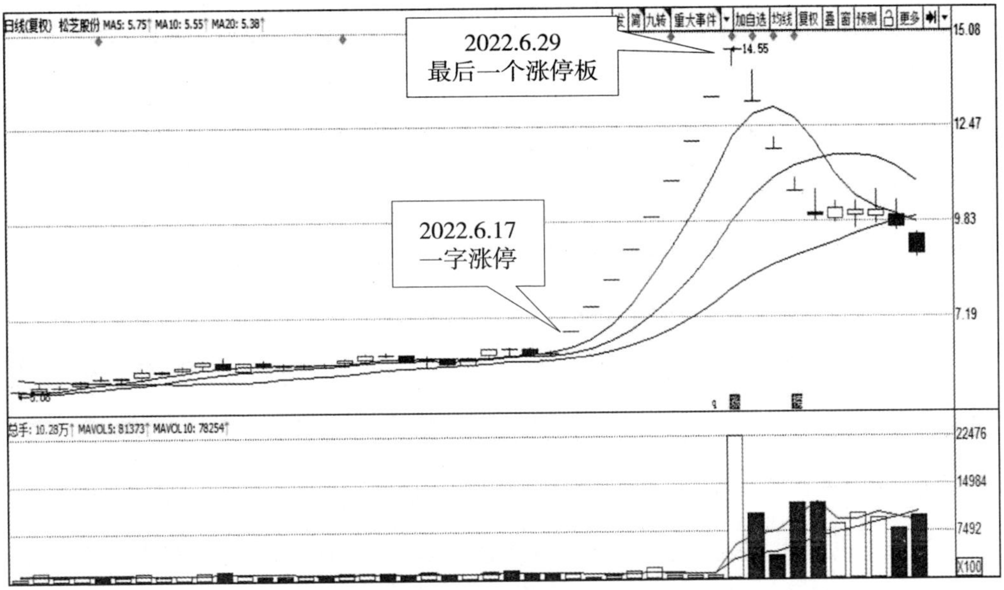

图6-23　松芝股份（002454）日K线走势图

2022年6月之前，松芝股份的股价一直在低位横向振荡，股价波动幅度也不大。

自2022年6月中旬开始，储能概念成为资金主要炒作的方向。6月17日开始，松芝股份由于属于储能概念中的电池热管理系统核心标的，因而成为游资重点攻击的目标，当日该股股价强势涨停。此后，更是连续拉出9个涨停板，由此可见市场对储能概念和电池热管理系统概念的推崇程度之高。

六、储能建设概念股——赣能股份

赣能股份是一家典型的发电企业，主营业务为火力发电和水力发电。该公司全资子公司高安建山赣能新能源有限公司，在高安市建山镇牌楼村建设高安市赣能50MW农光互补地面光伏发电项目。该项目总装机容量约50MW，配套储能5MW/5MWh，因此，赣能股份也成为储能概念的标的。

截至2021年年底，赣能股份的总营收为27亿元，每股盈利-0.25元，每股净资产为4.77元。2022年6月底，该股总市值为100亿元左右，每股股价为8元左右。

赣能股份的基本面不佳，2021年还出现了亏损，好在盘子不大。在储能概念爆炒行情中，赣能股份因为参与储能系统的建设，加之自身还具有“抽水蓄能”概念，这就使得该股成了短线资金主要的攻击目标。

下面来看一下赣能股份的案例，如图6-24所示。

2022年6月之前，赣能股份的股价一直在低位横向振荡，股价波动幅度不大。

自2022年6月开始，储能概念成为资金主要的炒作方向。2022年6月7日—9日，该股股价曾短暂地拉出两个涨停板，其后股价重新进入横向调整走势。

自2022年6月28日开始，赣能股份成为游资重点攻击的目标，当日该股股价强势涨停。此后，更是连续拉出9个涨停板，由此可见市场对储能概念的推崇程度之高。

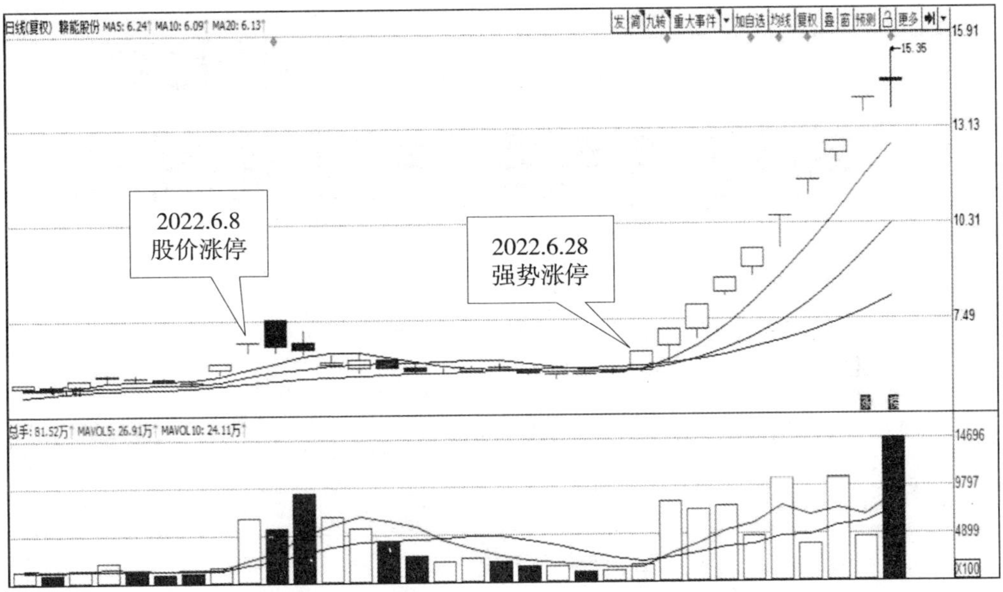

图6-24　赣能股份（000899）日K线走势图

第七章

新能源汽车产业链概念

新能源汽车是指采用非常规的车用燃料作为动力来源（或使用常规的车用燃料，采用新型车载动力装置），综合车辆的动力控制和驱动方面的先进技术，形成的技术原理先进、具有新技术新结构的汽车。

2020年11月，国务院办公厅印发《新能源汽车产业发展规划（2021—2035年）》，自此之后，新能源汽车行业进入快速发展轨道。

第一节　新能源汽车

相比普通的燃油汽车，新能源汽车最核心的部件就是动力电池。同时，使用新能源汽车时，也需要像布局加油站一样布局充电桩。因此，这两个环节都会对新能源汽车产业的发展产生一定的影响。

一、新能源汽车产业链

整个新能源汽车产业链大致分为上游、中游和下游3个环节，如图7-1所示。

在整个储能产业链中可以看出，整个新能源汽车产业的上游和中游的动力电池存在密切关联。同时，目前新能源汽车产业的动力电池中，又以锂电池为主，氢能源电池还有一些问题需要解决。在没有其他更优质的材料出现前，锂电池仍是主角。正因如此，很多动力电池企业都在积极布局锂矿资源，这也是为了打通整个产业链。

1. 上游：电池及材料

通过前面的介绍可以了解，目前新能源汽车的动力电池以锂电池为主。

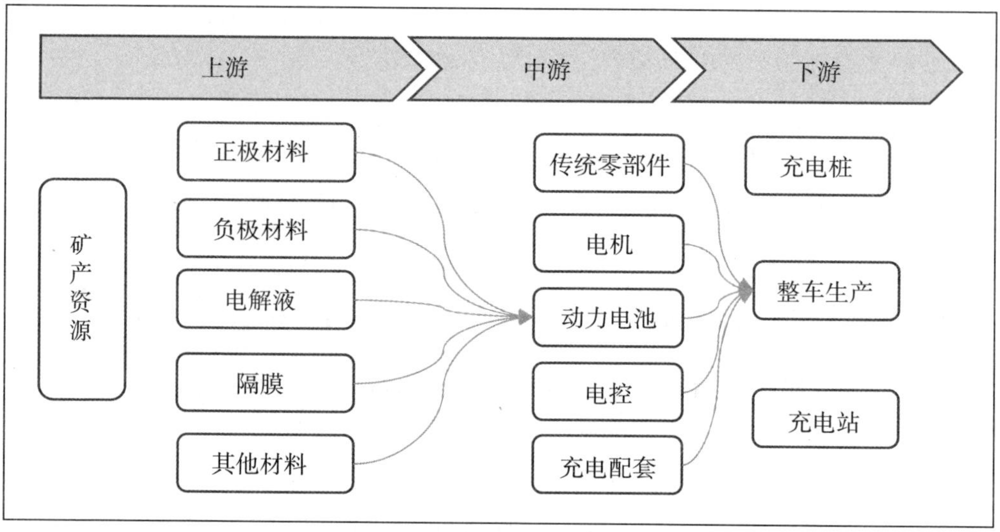

图7-1　新能源汽车产业链

当然，其他燃料电池，如氢燃料电池的研发也在进行中。

目前整个动力电池仍是以锂电池为主的。

（1）正极材料生产厂商包括容百科技、当升科技、厦门钨业、佛山照明、杉杉股份等。

（2）负极材料生产厂商包括贝特瑞、璞泰来、杉杉股份、翔丰华等。

（3）电解液生产厂商包括新宙邦、广州天赐、江苏国泰等

（4）隔膜生产厂商包括星源材质、中材科技、沧州明珠等。

（5）碳酸锂生产厂商包括天齐锂业、赣锋锂业、西部矿业、盐湖集团、江特电机等。

（6）镍钴锰等原料的生产厂商包括洛阳钼业、华友钴业、格林美、吉恩镍业、中国中冶、寒锐钴业等。

2. 中游：动力电池及汽车零部件生产厂商

新能源汽车的中游产业为生产汽车的各类零部件厂商，包括动力电池。由于汽车零部件非常多，这里只选择其中比较重要的6个领域进行介绍。

（1）锂电池生产厂商包括赣锋锂业、天齐锂业、比亚迪、国轩高科、亿纬锂能等。

（2）电机生产厂商包括上汽集团、东风汽车、大洋电机、江特电机、长鹰信质、正海磁材等。

（3）电控系统生产厂商包括启明信息、正昌电子、海纳川等。

（4）BMS（电池管理系统）生产厂商包括比亚迪、德赛电池、欣旺达、均胜电子、国轩高科等。

（5）智能网联部件生产厂商包括长信科技、四维图新、安洁科技、东山精密等。

（6）传统零部件生产厂商包括鸿特精密、广东鸿图、宁波华翔、国机汽车、天汽模、大富科技、拓普集团、模塑科技等。

3. 下游：整车、充电桩及其运营企业

（1）整车生产企业包括比亚迪、北汽集团、上汽集团、广汽集团、中通客车、安凯客车、长城汽车、宇通客车等。绝大多数常规动力汽车厂商都介入了新能源汽车生产行业。

（2）充电桩生产厂商包括春兴精工、万马股份、国轩高科、亨通光电、易事特等。

（3）充电站运营与建设企业包括中国石油、中国石化、奥特迅、动力源等。

二、动力电池概念——赣锋锂业

赣锋锂业是全球第三大、中国最大锂化合物生产商，全球最大金属锂生产商，其主营业务为各种深加工锂产品的研究、开发、生产与销售等。目前，赣锋锂业的业务贯穿上游锂资源开发、中游锂盐深加工及金属锂冶炼、

下游锂电池制造及退役锂电池综合回收利用。

截至2021年年底，赣锋锂业的总营收为111.62亿元，每股盈利3.73元，每股净资产为15.23元。2022年6月底，该股总市值为2100亿元左右，每股股价为105元左右。

从基本面上来看，该股的基本面非常好，盘子也不小，市值达到了2100亿元，这已经属于超级大盘股了。该股的营收为111.62亿元，明显给人一种股价高估的感觉。但该股的盈利能力还是非常强的，2022年7月，该股的市盈率还不到15倍，对于一家高增长的上市公司来说，这已经是非常低的数据了。一方面高企的市值，另一方面较低的市盈率，背后的焦点在于，企业的营收与净利能否保持。该公司在2021年到2022年盈利爆发，这是与锂矿、锂电池的行业爆发相关的，但这种爆发是否具有持续性，是市场最为关注的。因此，市场从未来着眼，还是偏向于谨慎估值的。

下面来看一下赣锋锂业的案例，如图7-2所示。

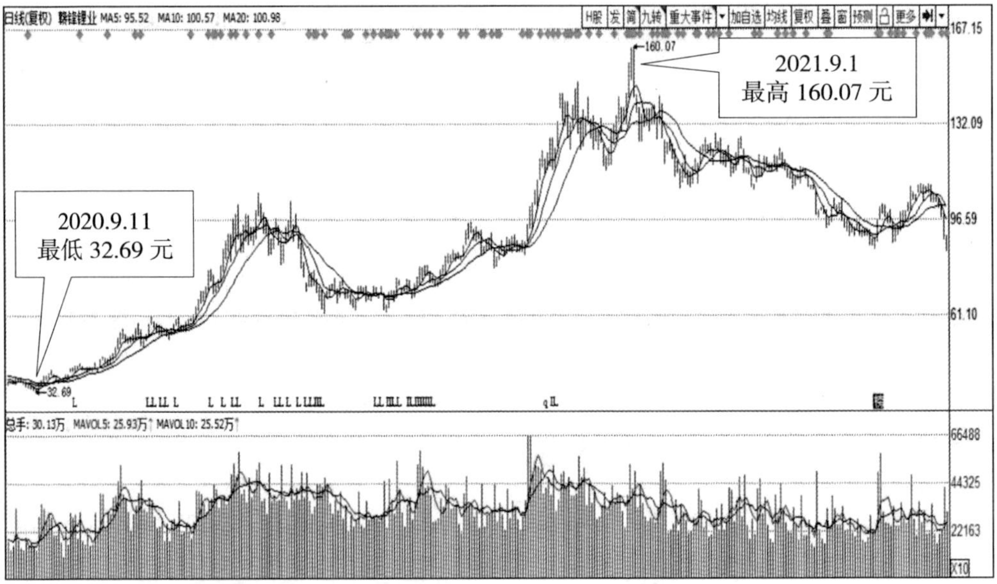

图7-2　赣锋锂业（002460）日K线走势图

在2020年9月到2021年9月的一年时间里，赣锋锂业的股价一直呈现出振荡上升走势。该股股价从2020年9月11日的32.69元一路上涨至2021年9月1日的160.07元，股价翻了将近5倍。当时，在新能源汽车和锂矿概念的催动下，该股股价上涨明显加速，期间还出现了几个涨停板。

三、新能源汽车零部件厂商——广东鸿图

广东鸿图是华南地区规模最大的精密铝合金压铸专业企业，其业务范围涉及汽车类压铸件、通信设备类压铸件、机电及其他类压铸件、汽车改装、汽车饰件等。该公司的汽车零部件不仅可以供应传统汽车，还可以提供给新能源汽车，因此，该企业也被划入新能源汽车板块。

在新能源汽车炒作行情中，很多传统的汽车零部件企业也成为受益对象，广东鸿图就是其中一家。

截至2021年年底，广东鸿图的总营收为60.03亿元，每股盈利0.57元，每股净资产为9.03元。2022年6月底，该股总市值为120亿元左右，每股股价为23元左右。

从基本面上来看，该股的基本面不错，盘子较小，市值刚过100亿元。在新能源汽车炒作行情中，广东鸿图因盘子较小，并且概念题材符合炒作要求。当然，从严格意义上来说，广东鸿图从新能源汽车产业当前的获利还是比较少的，但只要有盈利，资金有炒作的“由头”，这就够了。

下面来看一下广东鸿图的案例，如图7-3所示。

2022年4月底以前，广东鸿图的股价一直处于振荡下跌之中，这与当时的大盘环境密切相关。

自2022年4月27日开始，广东鸿图的股价自底部启动反弹，此时也是大盘止跌反弹的时段。这波反弹，从某种意义上来说，还是以新能源汽车、新能源概念为主线的反弹，广东鸿图一马当先，在反弹过程中不断拉出涨

停板。

到了7月13日，该股股价已经上涨至29.15元，相比4月27日最低点的7.76元，在不到3个月的时间里翻了将近4倍，由此可见市场对新能源汽车零部件概念的推崇程度之高。

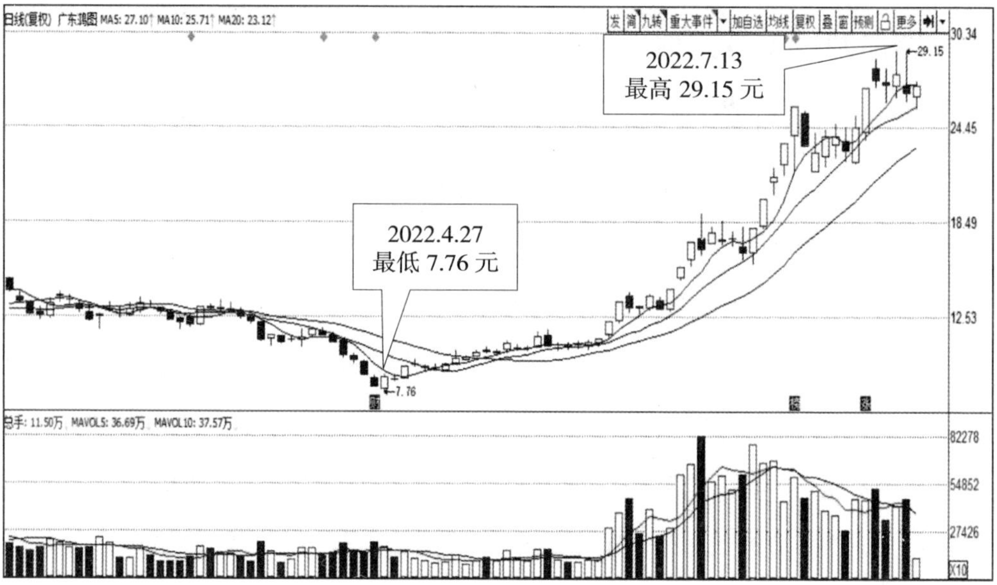

图7-3　广东鸿图（002101）日K线走势图

四、新能源汽车概念——中通客车

中通客车是以客车为主兼顾零部件产品开发、制造和销售的企业。中通客车是客车生产骨干企业，还研发了纯电动公交车、燃料电池客车等新品。

在2022年5月—6月的新能源汽车行情中，中通客车独树一帜，成为这波行情的总龙头。尽管中通客车相比比亚迪等企业来说，新能源汽车销量并不算大，但在这波炒作浪潮中，中通客车却是绝对的龙头老大。从这一点上来看，市场炒作中的龙头与行业龙头还是不能划等号的。

截至2021年年底，中通客车的总营收为45.87亿元，每股盈利-0.37元，每股净资产为4.32元。2022年6月底，该股总市值不到100亿元左右，每股股价为19元左右。

从基本面上来看，该股的基本面不佳，好在盘子不大，市值不足100亿元（启动前，市值更低）。在新能源汽车炒作行情中，中通客车盘子较小，并且概念题材符合炒作要求。中通客车属于新能源汽车中的新能源客车细分领域，这就更容易引发市场的想象空间，也因此有了炒作空间。

下面来看一下中通客车的案例，如图7-4所示。

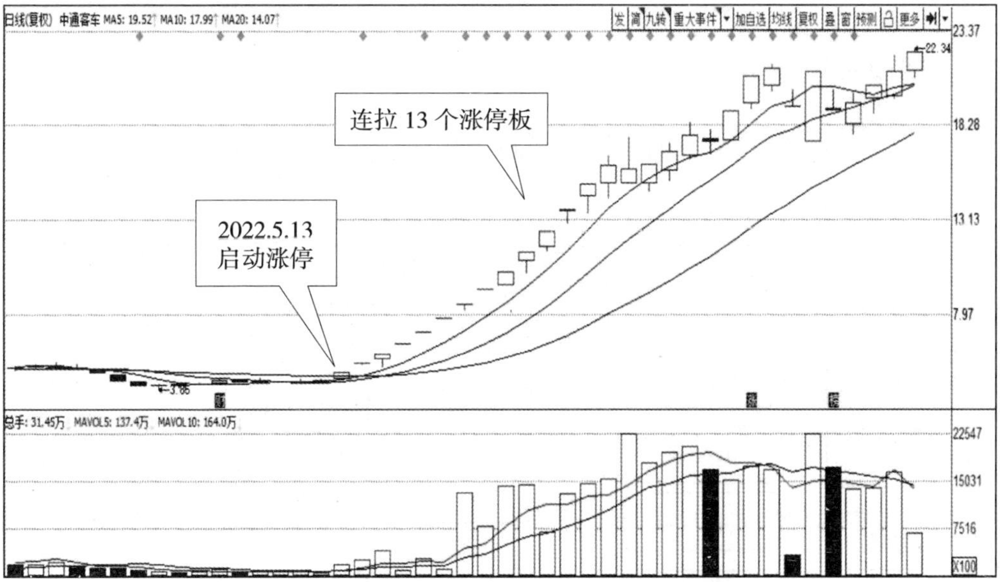

图7-4　中通客车（000957）日K线走势图

2022年5月中旬以前，中通客车的股价一直处于振荡下跌之中，这与当时的大盘环境密切相关。

自2022年5月13日开始，在新能源汽车概念热炒的背景下，中通客车的股价强势涨停。此后更是拉出13个连续涨停板，成为当时风光无二的新能源汽车总龙头。在1个多月的时间里，该股股价翻了数倍。

第二节　锂电池概念

动力电池是新能源汽车的核心，而锂电池又是目前新能源汽车的主流，因此，锂离子电池产业链也常常成为市场炒作的热点。当然，本节介绍的锂电池产业链与之前的新能源汽车产业链会有一定的重合。

一、锂电池产业链

锂电池产业链大致分为上游、中游和下游3个环节，如图7-5所示。

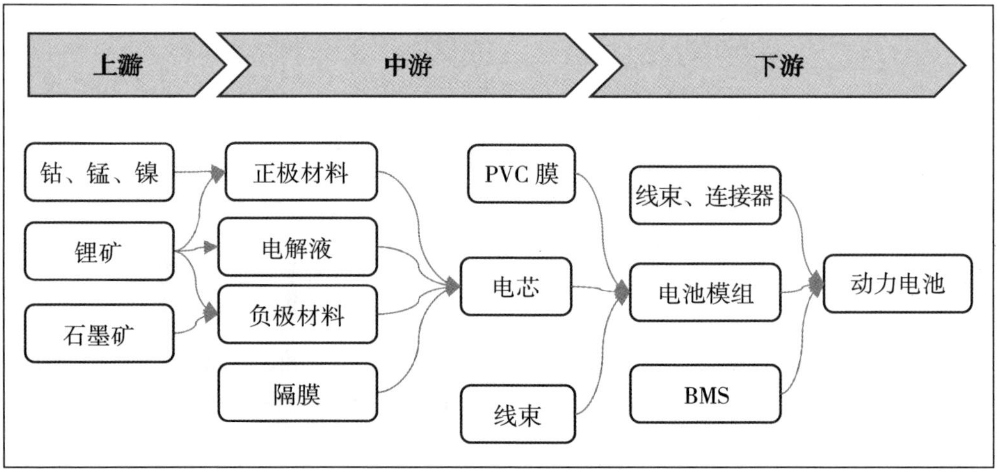

图7-5　锂电池产业链

1. 上游：矿产资源

金属矿产是锂电池的主要原料，因此，随着新能源汽车行业的发展，对各类金属矿产的需求越发迫切。2020年—2022年，各类生产所需的金属矿产的价格经历了一波大幅上涨走势，也让很多“家中有矿”的企业赚了个

“盆满钵满”。

（1）锂矿资源。目前，锂矿资源的集中度相对较高。国内上市公司中，天齐锂业、赣锋锂业手中握有的锂矿资源最为丰厚，盛新锂能也能提供一定的锂矿资源。盐湖股份、西部矿业等企业也有一定的锂矿资源供给。

（2）钴、锰、镍资源。

这类矿产资源的生产厂商包括洛阳钼业、华友钴业、格林美、吉恩镍业、中国中冶、寒锐钴业等。

（3）石墨矿资源。

石墨矿产比较丰富的上市公司包括方大炭素、德尔未来、宝泰隆、新华锦等。

2. 中游：生产电池各类原料

（1）正极材料生产厂商包括容百科技、当升科技、厦门钨业、佛山照明、杉杉股份等。

（2）负极材料生产厂商包括贝特瑞、璞泰来、杉杉股份、翔丰华等。

（3）电解液生产厂商包括新宙邦、广州天赐、多氟多、江苏国泰等。

（4）隔膜生产厂商包括星源材质、中材科技、沧州明珠等。

（5）电芯生产厂商包括宁德时代、比亚迪、国轩高科等。

（6）另外还有电池设备生产企业，先导智能、赢合科技也是值得关注的企业。

3. 下游：电池模组与动力电池

（1）电池模组生产商主要包括宁德时代、比亚迪等。

（2）BMS（电池管理系统）生产厂商包括比亚迪、德赛电池、欣旺达、均胜电子、国轩高科等。

二、锂矿企业——盛新锂能

盛新锂能是一家从事新能源材料业务，主要是锂矿采选、基础锂盐的生产与销售以及少量林木业务的企业。

截至2021年年底，盛新锂能的总营收为29.34亿元，每股盈利1.08元，每股净资产为5.89元。2022年6月底，该股总市值为500亿元左右，每股股价为60元左右。

从基本面上来看，该股的基本面不错，盘子尚可。该股2021年的营收不足30亿元，而市值达到了500亿元，这与该公司持有的锂矿以及锂矿价格暴涨密切相关。

受益于新能源汽车行业的高速发展，市场对锂电池的需求猛增，对锂矿的需求不断攀升，锂矿价格也大幅上升，带动了产业内相关企业的业绩。

下面来看一下盛新锂能的案例，如图7-6所示。

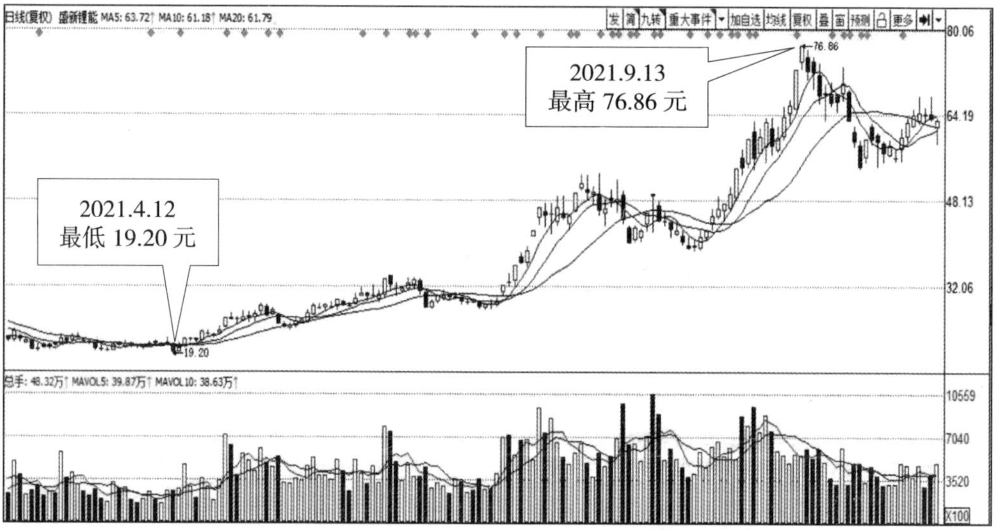

图7-6　盛新锂能（002240）日K线走势图

2021年4月中旬以前，盛新锂能的股价一直处于振荡下行趋势中。自2021年4月12日开始，盛新锂能的股价触及19.20元阶段低位后，正式进入上升趋势。此后，伴随着新能源汽车以及锂电池炒作行情的不断展开，盛新锂能的股价逐级走高。

到了9月13日，该股股价已经上涨到了76.86元，相比4月12日最低点的19.20元，在不到半年的时间里股价翻了4倍多。

三、锂离子电池正极材料——杉杉股份

杉杉股份是一家从事锂离子电池正极材料、负极材料和电解液、LCD偏光片的研发、生产和销售的企业。其中，正极材料主要产品有钴酸锂、三元材料（镍钴锰酸锂和镍钴铝酸锂）、锰酸锂、三元前驱体等。

截至2021年年底，杉杉股份的总营收为206.99亿元，每股盈利2.04元，每股净资产为8.83元。2022年6月底，该股总市值为650亿元左右，每股股价为30元左右。

杉杉股份的基本面不错，每股盈利较高，股价不算高。杉杉股份属于锂电池概念中锂离子正极材料的核心标的，加上盘子不大，很容易成为资金攻击的对象。

下面来看一下杉杉股份的案例，如图7–7所示。

2021年4月之前，杉杉股份的股价一直在低位横向振荡之中，股价波动幅度也不大。自2021年4月中旬以后，锂电池概念成为资金主要的炒作方向，杉杉股份的股价也进入了一波快速上升通道。

该股股价自4月13日最低点的12.30元，一路上涨至10月28日的43.97元，股价翻了3倍多，由此可见市场对锂离子电池概念的推崇程度之高。

四、电解液生产企业——天赐材料

天赐材料是一家从事精细化工新材料研发、生产和销售的企业。该公司下属的全资子公司安徽天赐高新材料有限公司有年产20万吨电解液项目。

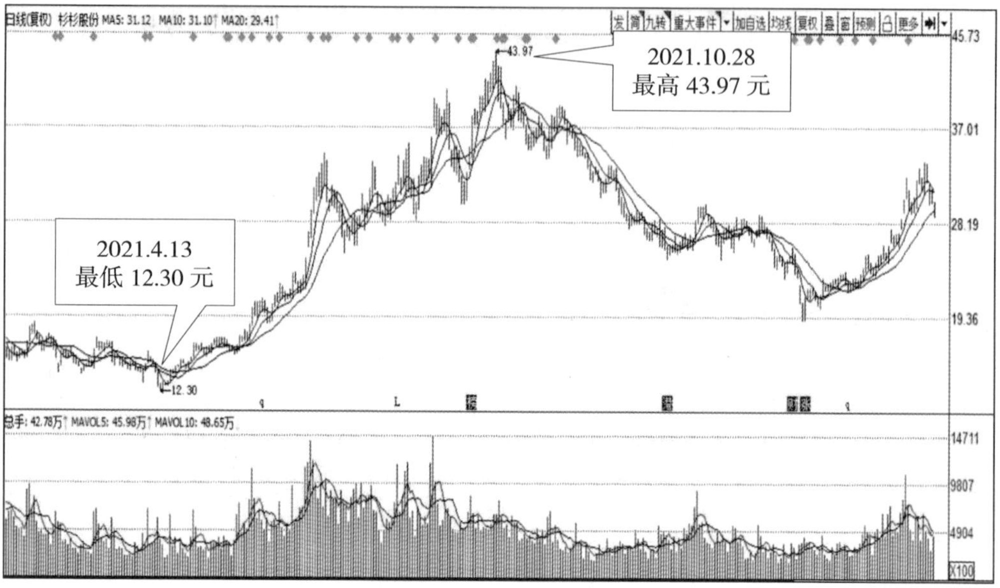

图7-7　杉杉股份（600884）日K线走势图

截至2021年年底，天赐材料的总营收为110.91亿元，每股盈利2.35元，每股净资产为7.46元。2022年6月底，该股总市值为1200亿元左右，每股股价为60元左右。

天赐材料的基本面非常好，每股盈利很高，股价也不算便宜。由于天赐材料属于锂电池概念中电解液的核心标的，加上电解液又是市场上的紧俏物资，该股自然受到了更多的资金追捧。

下面来看一下天赐材料的案例，如图7-8所示。

2022年4月之前，天赐材料的股价随着大盘的下跌而下行。2022年4月27日，该股股价触及32.44元低点后振荡反弹，并在一波新能源汽车以及锂电池反攻浪潮中上涨至67.88元。

该股股价自4月27日最低点的32.44元，一路上涨至7月5日的67.88元，股价在两个多月的时间里就翻了1倍多，由此可见市场对电解液概念的推崇程度之高。

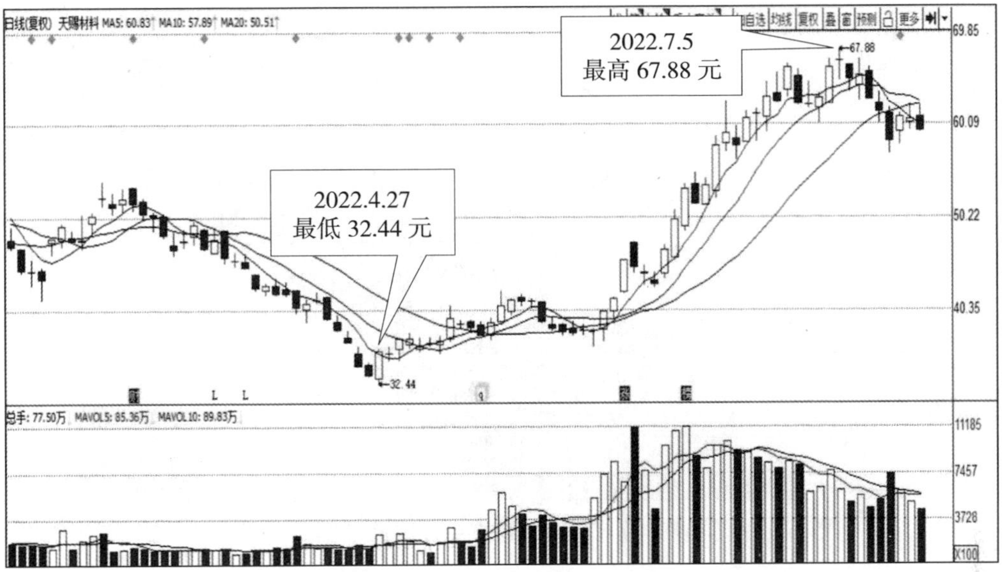

图7-8 天赐材料（002709）日K线走势图

第三节 其他与新能源汽车有关的概念

在新能源汽车炒作浪潮中，还有一些其他概念也因为与新能源汽车具有千丝万缕的联系而被大肆炒作。

一、盐湖提锂概念——科达制造

新能源汽车的核心部件是动力电池，目前的动力电池以锂电池为主，这就使得市场对锂资源的需求不断增加。

目前，全球市场上70%的锂都来自富含矿物的盐湖。由于盐湖取锂技术不足，使得我国的锂资源更多地是从国外进口。最近两年，我国的盐湖提锂技术取得了飞速发展，使得这一产业进入了快速发展期。如图7-9所示。

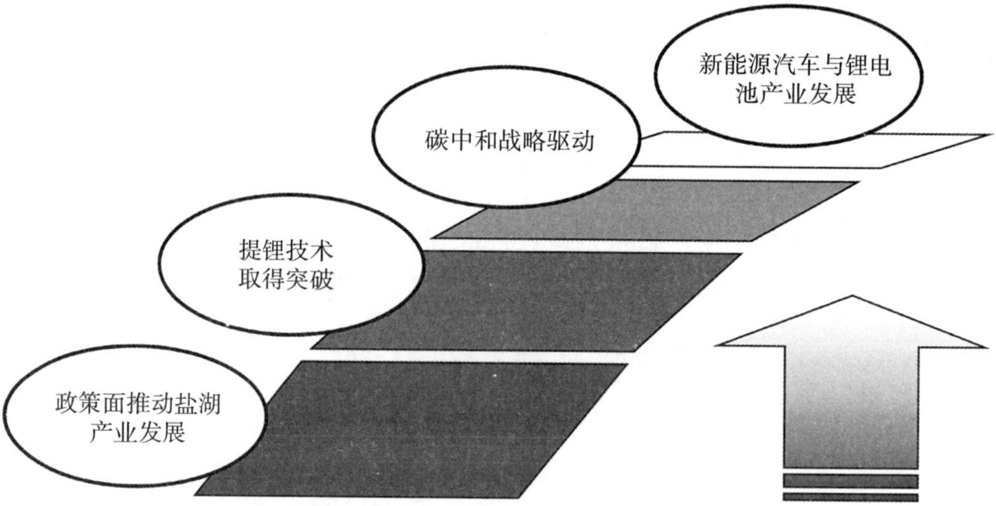

图7-9　盐湖提锂产业发展的基础

从图中可以看出，盐湖提锂产业在内部技术突破、外部政策利好的共振下，将迎来一波快速上升趋势。

盐湖提锂产业相关的企业，包括但不限于以下几家。

（1）盐湖提锂产业的龙头企业为蓝科锂业。该企业的主要股东为两家上市公司，即盐湖股份和科达制造。

（2）拥有盐湖提锂技术的上市公司包括蓝晓科技、久吾高科等。

（3）西藏矿业持有西藏扎布耶盐湖锂资源。

科达制造是以建材机械和海外建筑陶瓷生产和销售为主营业务的企业，其通过子公司间接控制蓝科锂业，而蓝科锂业是卤水提锂领域的领军企业。

截至2021年年底，科达制造的总营收为97.97亿元，每股盈利0.53元，每股净资产为3.63元。2022年6月底，该股总市值为400亿元左右，每股股价为21元左右。

科达制造的基本面尚可，每股盈利很高，股价也不算便宜。由于科达制造属于盐湖提锂概念的核心标的，加上2020年到2021年锂材料价格暴涨，该股自然受到了更多的资金追捧。

下面再来看一下该股的股价走势情况，如图7-10所示。

2020年9月之前，科达制造的股价处于横向窄幅波动状态。2020年9月28日，该股股价触及3.70元低点后振荡反弹，并在一波新能源汽车以及锂电池反攻浪潮中上涨至26.60元。

该股股价自2020年9月28日最低点的3.70元，一路上涨至2021年11月24日的26.60元，股价在1年多的时间里就翻了7倍多，由此可见市场对盐湖提锂概念的推崇程度之高。

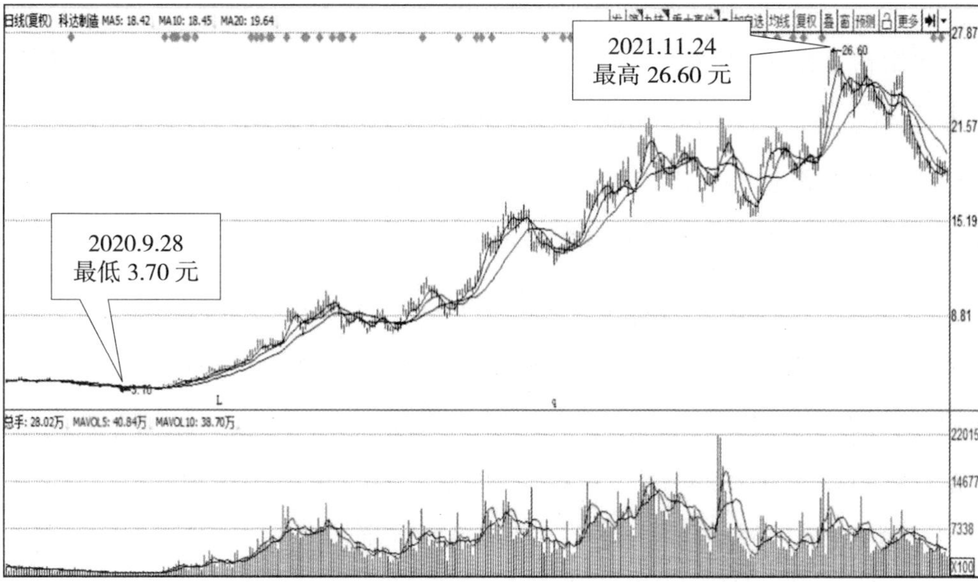

图7-10　科达制造（600499）日K线走势图

二、钒电池概念——攀钢钒钛

钒电池全称为全钒氧化还原液流电池。钒电池储能技术因其使用寿命长、规模大、安全可靠等突出优势，成为规模储能的首选技术之一。自储能概念爆发后，作为储能首选技术的钒电池概念，也受到了市场资金的大力追捧。

2022年6月29日，国家能源局发布的《防止电力生产事故的二十五项重点要求（2022年版）（征求意见稿）》中明确提出：中大型电化学储能电站不得选用三元锂电池、钠硫电池，不宜选用梯次利用动力电池。政策端对储能安全性的要求提升，在一定程度上刺激了储能行业对钒电池的需求。随着新能源行业的快速发展，储能行业也进入了快车道，这都促进了钒电池产业的发展。

钒电池概念股包括攀钢钒钛、明星电力、银龙股份、海德股份、河钢股份等。

攀钢钒钛是一家以钒产品、钛渣、钛白粉生产、销售、技术研发和应用开发为主营业务的企业。目前，该公司已对关联方四川攀研技术有限公司所属钒电池电解液试验线进行托管经营，公司目前暂不涉及钒电池生产业务。不过，市场短线资金仍将其看成钒电池的核心概念股。

截至2021年年底，攀钢钒钛的总营收为140.6亿元，每股盈利0.15元，每股净资产为0.88元。2022年6月底，该股启动前的总市值刚过300亿元，每股股价为4元左右。

攀钢钒钛的基本面一般，每股盈利不高，当然股价也不高。由于攀钢钒钛属于钒电池概念的核心标的，在利好消息的刺激下，该股就顺理成章地成为资金攻击的首选标的，并成为钒电池概念的龙头股。

下面来看一下攀钢钒钛的股价走势情况，如图7–11所示。

2022年6月底，随着国家能源局发布的《防止电力生产事故的二十五项重点要求（2022年版）（征求意见稿）》，钒电池概念开始启动。

2022年7月1日，攀钢钒钛的股价强势涨停。此后，该股股价更是连续拉出5个涨停板，成为钒电池概念中的龙头股。

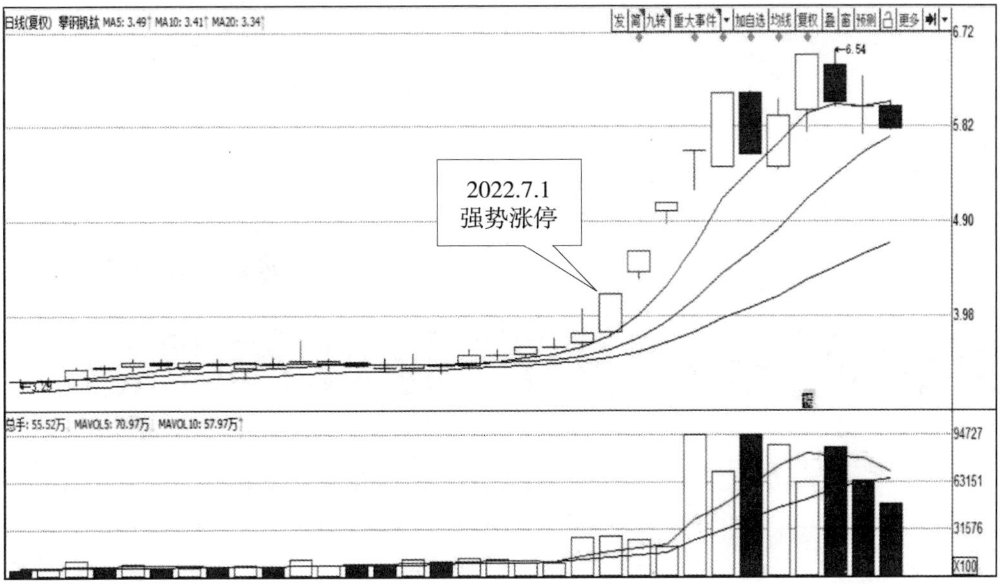

图7-11　攀钢钒钛（000629）日K线走势图

第八章

其他科技相关产业炒作概念

科技类相关行业是热门概念频出的一个领域，也是游资最喜欢炒作的一个方向。前面的新能源及新能源汽车行业，还有几个典型的大企业产业链内的企业，本质上都是科技相关产业。本节选取了其他几个科技细分板块介绍，仅供读者参考。

第一节　数字经济相关概念

随着科技的发展，数字技术的应用范围得到了极大的拓展，数字经济相关的概念也被广泛地炒作。

一、数字基建概念——英飞拓

数字化基础设施建设，简称“数字基建”，是指能够体现数字经济特征的新一代信息基础设施建设，涵盖5G互联网、数据中心、人工智能、工业互联网等领域。数字基建是新基建的重要组成部分，而且是核心组成部分。最近几年，数字基建频频成为股市中资金热炒的对象。

特别是最近两年，受新冠疫情影响，国民经济的发展受到了一定的冲击，传统基建对经济的提振作用开始减弱，数字基建所起的作用越来越大。

英飞拓是以人物互联为核心的智慧城市、智慧园区解决方案提供商、建设商和运营服务商。英飞拓系统依托5G、大数据、人工智能等新一代信息技术，为教育、医疗、交通、政务、社区、园区等多个行业提供数字化转型整体解决方案与服务。

截至2021年年底，英飞拓的总营收为29.36亿元，每股盈利–1.2元，每股净资产为1.94元。2022年6月底，该股启动前的总市值刚过40亿元，每股股价为4元左右。

英飞拓的基本面不佳，每股盈利在2021年还出现了大幅亏损，当然股价也不高。由于英飞拓属于数字基建概念的标的之一，在利好消息的刺激下，其因盘子小而获得了资金的青睐，该股曾数度出现短线暴涨走势。

下面来看一下英飞拓的股价走势情况，如图8-1所示。

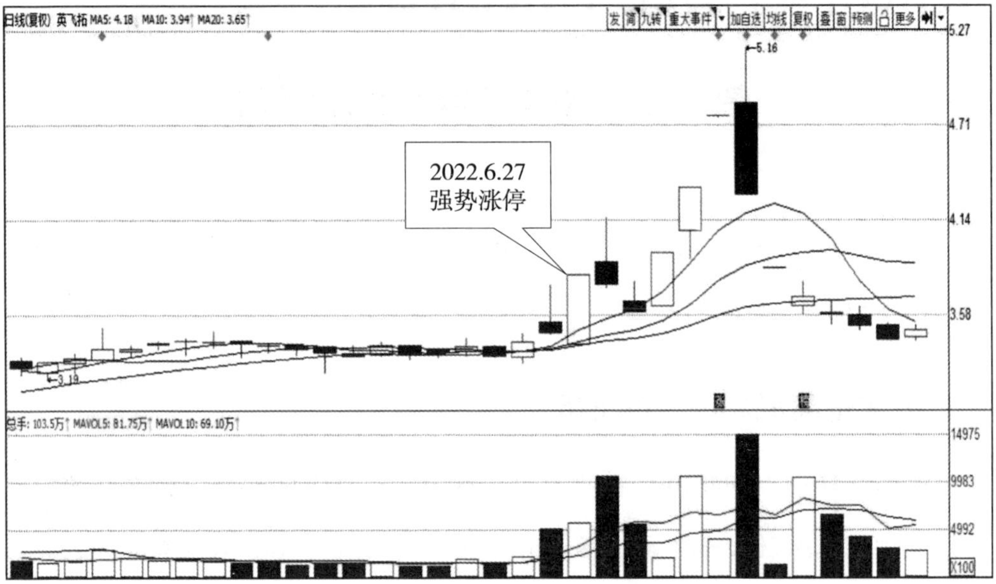

图8-1 英飞拓（002528）日K线走势图

2022年6月27日以前，英飞拓的股价一直呈横向振荡运行态势。2022年6月26日，上海发布复工防控指引，其中提到要依托大数据平台，加快推动餐饮业数字化治理，将餐饮业从业人员健康管理平台、场所码或“数字哨兵”监测平台和餐饮企业食品安全分级管理平台接入各区城运中心，实现“一网统管”。

从本质上来说，这种“数字哨兵”是以视频监控系统为核心的，属于英飞拓的业务范围。英飞拓成为“数字哨兵”概念股，在6月27日强势涨停。

其后，该股股价调整两个交易日后，又连续拉出3个涨停板，由此可见短线游资对该股炒作有多热烈。不过，由于这类股票本身质地不佳，在资金炒作过后，股价往往会被打回原形。下一波炒作行情开始后，再度强势上攻，之后再回来，如此往复。

二、数字货币概念——恒宝股份

数字货币是电子货币的替代形式。数字货币是以区块链技术为核心开发的，具有典型的去中心化特点，与传统的银行转账、汇款等方式相比，数字货币交易不需要向第三方支付费用，其交易成本更低。

中国人民银行自2014年起成立了专门研究团队，对数字货币发行和业务运行框架、关键技术、流通环境等进行了深入研究，已取得阶段性成果。自此以后，市场对国内数字货币的动态多有反应，并出现了多次数字货币概念爆炒行情。

进入2022年1月后，市场对央行数字货币多有期待，数字货币概念的炒作随之升温。市场上，多只数字货币股票掀起了大幅上涨行情。数字货币概念股包括中科金财、神思电子、恒宝股份、翠微股份等。

恒宝股份是以高端智能化产品及数字安全解决方案等服务为主营业务的企业。该公司的全资子公司江苏恒宝智能系统技术有限公司拥有发明专利，即一种数字货币钱包的密码重置方法和系统，因此，恒宝股份成为数字货币的概念股。

下面看一下恒宝股份的财务数据。

截至2021年年底，恒宝股份的总营收为9.6亿元，每股盈利0.08元，每股净资产为2.65元。2022年6月底，该股总市值为55亿元左右，每股股价为8元左右。

恒宝股份的基本面不佳，每股盈利非常低，当然股价也不高。由于恒宝股份属于数字货币概念的标的之一，2022年1月底，受数字货币利好消息的刺激，该股因盘子小而获得了资金的青睐，曾数度出现短线暴涨走势。

如图8-2所示，2022年1月24日以前，恒宝股份的股价一直呈横向振荡运行态势。2022年1月24日，受数字货币利好消息的刺激，恒宝股份强势涨停。不过，该股股价的走势并未如很多投资者所愿，其后并未再度上攻，而是出现了大幅下跌；隔日再度涨停，隔两日又大跌。涨停与大幅下挫间或出现，从本质上来说，这是主力的振仓行为，目的是促使散户交出手中的筹码，同时也说明主力资金吸筹并未完成。

1月28日，该股股价三度涨停。此时主力已经吸入了足够的筹码，其后股价连续拉出多个涨停板。

连续大幅振仓，也是游资拉升股票前经常使用的一个策略，其目的是让散户摸不清股价突破的方向，被迫放弃手中的筹码。待主力资金吸入足够的筹码后，拉升随即到来。

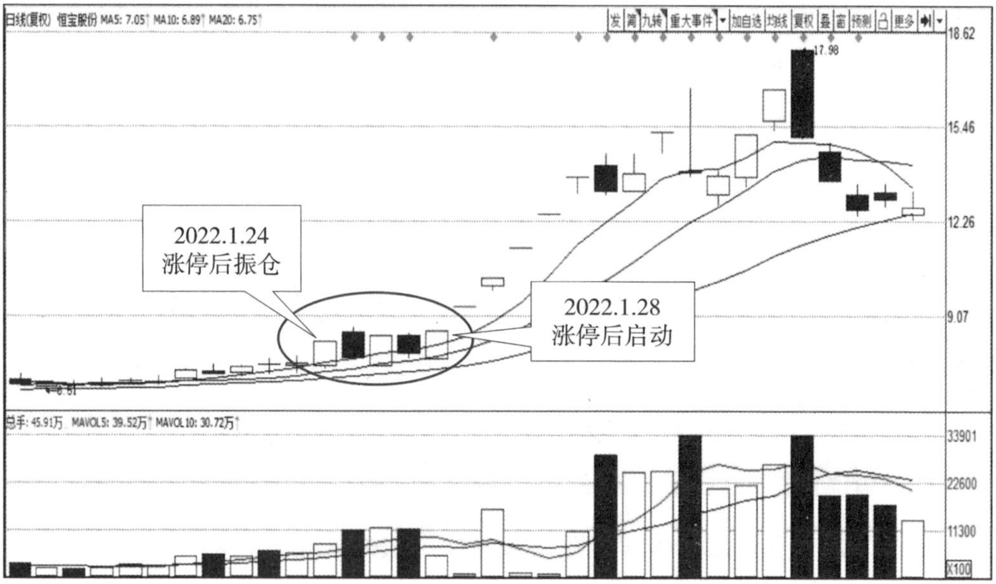

图8-2 恒宝股份（002104）日K线走势图

三、移动支付概念——翠微股份

移动支付也称手机支付，就是允许用户使用其移动终端（通常是手机）对所消费的商品或服务进行账务支付的一种服务方式。

最近几年，随着移动互联网技术的发展和智能手机等移动终端设备的普及，支付方式的电子化、网络化、移动化趋势越发明显，移动支付的应用场景、产业链条得到极大的拓展和延伸。移动支付概念股包括赫美股份、远望谷、达华智能、翠微股份、恒宝股份等。

翠微股份是北京市海淀区区属商业龙头企业，也是北京市著名商业品牌，其核心业务包括商业零售业务以及银行卡收单业务等。翠微股份下属的子公司海科融通，除了布局智能 POS机外，还推出了兼容二维码扫码支付的“海码”、扫码盒等新兴支付工具，因此，翠微股份也成为移动支付概念股。

下面看一下翠微股份的财务数据。

截至2021年年底，翠微股份的总营收为34.97亿元，每股盈利0.21元，每股净资产为4.88元。2022年6月底，该股总市值为100亿元左右，每股股价为13元左右。

翠微股份的基本面一般，每股盈利不高，股价并不低（当然，在2022年年初启动上涨前，股价还是比较低的）。由于翠微股份属于移动支付概念的标的之一，2022年1月初，受移动支付利好消息的刺激，更因盘子小而获得了资金的青睐，该股曾数度出现短线暴涨走势。

如图8-3所示，2022年1月以前，翠微股份的股价一直呈横向振荡运行态势。2022年1月4日，受移动支付利好消息的刺激，翠微股份强势涨停，此后该股连续上攻。该股因叠加了数字货币概念，由此成为市场上数字货币与移动支付的双料龙头。到了2月11日，该股股价已经触及30.44元的高点。此时相比1月4日上涨启动前的价格翻了3倍有余。

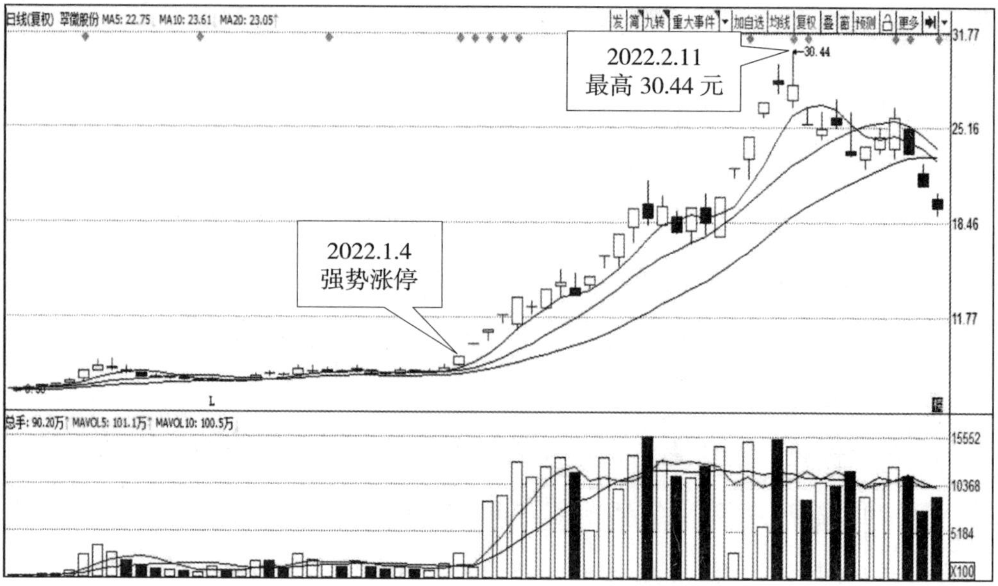

图8-3　翠微股份（603123）日K线走势图

四、东数西算概念——美利云

“东数西算”中，“数”指的是数据（大数据），“算”指的是算力，即对数据的处理能力、计算能力。算力，如同农业时代的水利、工业时代的电力，已成为数字经济发展的核心能力之一。

2022年2月，国家发展改革委等部门联合印发文件，同意在京津冀、长三角、粤港澳大湾区、成渝、内蒙古、贵州、甘肃、宁夏启动建设国家算力枢纽节点，并规划了10个国家数据中心集群。至此，全国一体化大数据中心体系完成总体布局设计，“东数西算”工程正式全面启动。

东数西算概念股包括顺网科技、左江科技、动力源、美利云、直真科技、南威软件、容联科技等。

美利云本是一家文化用纸及彩色纸的生产与销售的企业，不过，该公司在云计算产业方面也有一定的布局。该公司数据中心项目位于国家算力枢纽节点之一的宁夏中卫市，主要提供机柜出租、网络接入及机柜运行维护等服务。国家推进“东数西算”工程以及算力枢纽节点建设，为公司云业务创造一定的市场机会和行业机遇，正因如此，美利云成为“东数西算”核心概念股。

下面看一下美利云的财务数据。

截至2021年年底，美利云的总营收为12.32亿元，每股盈利-0.02元，每股净资产为3.04元。2022年6月底，该股总市值为70亿元左右，每股股价为10元左右。

美利云的基本面一般，每股盈利还出现了亏损，股价并不算低（当然，在2022年2月中旬启动上涨前，股价还是比较低的）。由于美利云属于“东数西算”概念的标的之一，2022年2月中旬，受“东数西算”利好消息的刺激，更因盘子小而获得了资金的青睐，该股曾数度出现短线暴涨走势。

下面来看一下美利云的股价走势情况，如图8-4所示。

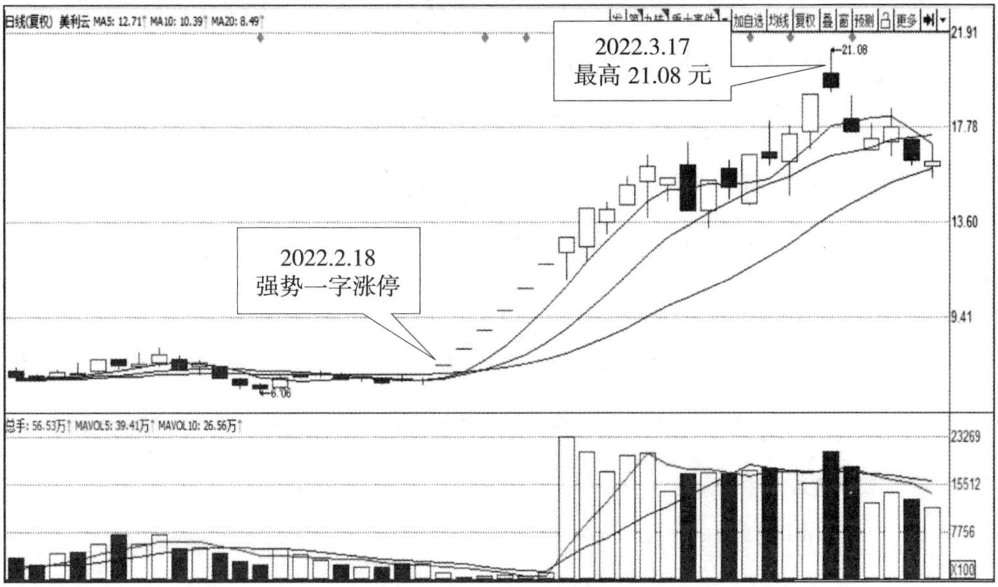

图8-4　美利云（000815）日K线走势图

2022年2月中旬以前，美利云的股价一直呈横向振荡运行态势。2022年2月18日，受“东数西算”利好消息的刺激，美利云强势一字涨停。此后，该股股价连续拉出多个一字涨停板，强势程度可见一斑。到2022年3月17日，该股股价已经上涨至21.08元，股价在1个月内翻了近3倍。

第二节　网络与软件相关概念

网络与软件板块，也是资金比较关注的一个方向。在这个板块内，很多概念、题材都引发过资金炒作行情。

一、国产软件概念——中科金财

随着国内信息产业的发展，IT产业的产值逐渐增加，因此，信息安全的重要性日益凸显出来。特别是随着中美贸易争端逐渐过渡到科技竞争层面，IT产业的国产化更是成为亟待解决的一个问题。

最近几年，国产软件产业发展获得政策扶持，国产替代成为国产软件主题，国产软件概念也常常成为炒作热门概念。国产软件概念股包括中国软件、积成电子、中科金财、宏英智能、直真科技、启明信息、东华软件等。

中科金财是一家面向数据中心、银行影像和IT服务管理领域的金融科技服务商。该公司的主营业务包括应用软件开发、技术服务及相关的计算机信息系统集成服务。

该公司IT服务管理解决方案包括IT服务管理软件、IT运维服务、IT服务管理咨询、IT服务管理培训及相关的集成服务。此外，公司间接参与了发改委“金宏工程”、财政部“金财工程”、公安部“金盾工程”、国家质检总局“金质工程”、国家工商总局“金信工程”、国家天文台“绕月工程”等一系列国家重点工程项目。

中科金财属于典型的国产软件概念股。其财务数据如下。

截至2021年年底，中科金财的总营收为16.06亿元，每股盈利-0.27元，每股净资产为6.4元。2022年6月底，该股总市值为50亿元左右，每股股价为15元左右。

中科金财的基本面一般，每股盈利还出现了亏损，股价并不算低。由于中科金财属于“国产软件”概念的标的之一，同时还是数字货币、移动支付等多种概念的标的，在2022年1月中旬，受“国产软件”利好消息的刺激，更因盘子小而获得了资金的青睐，该股曾数度出现短线暴涨走势。

下面来看一下中科金财的股价走势情况，如图8-5所示。

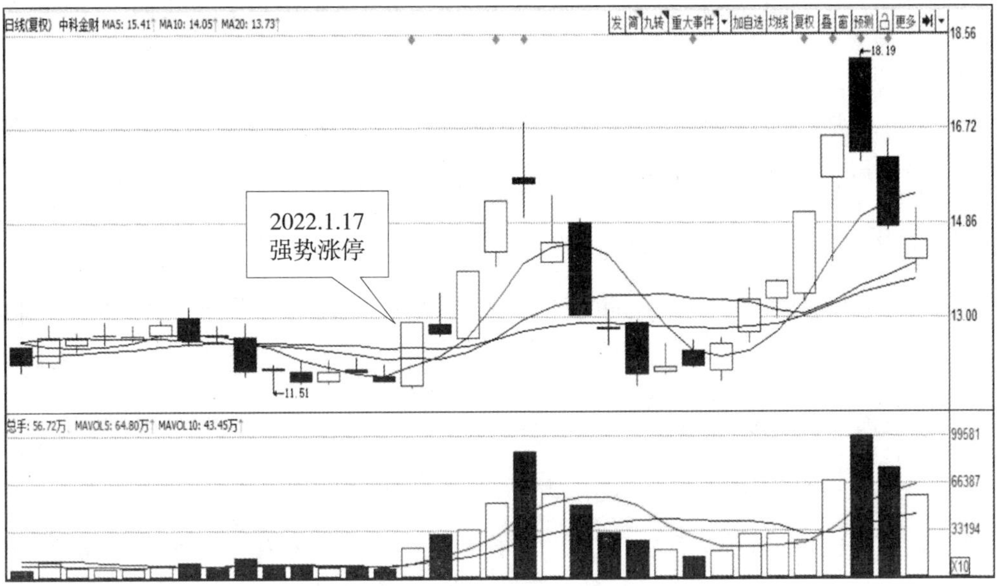

图8-5　中科金财（002657）日K线走势图

2022年1月中旬以前，中科金财的股价一直呈横向振荡运行态势。2022年1月17日，受“国产软件”利好消息的刺激，中科金财强势涨停。当日，国产软件概念板块有超过20只个股涨停。此后，该股股价稍作休整，又连续拉出两个涨停板。

对于一般性的炒作行情，能够在4个交易日出现3个涨停板已经非常难得了。后来，该股又在数字货币概念的推动下走出了一波上涨行情。

这类具有多重炒作概念的股票，也是值得投资者特别留意的。这类股票本身质地不佳，但概念较多，任何一个概念热炒，都可能引发一波上涨行情，毕竟这类股票盘子小，好炒作。

二、虚拟现实概念——奋达科技

虚拟现实技术（Virtual Reality，缩写为VR）是一种可以创建和体验虚拟世界的计算机仿真系统，它利用计算机生成一种模拟环境，是一种多源信息融合、交互式的三维动态视景和实体行为的系统仿真，能够使用户沉浸到该环境中。

虚拟现实技术的基本实现方式是以计算机技术为主，利用并综合三维图形技术、多媒体技术、仿真技术、显示技术、伺服技术等多种高科技的最新发展成果，借助计算机等设备产生一个逼真的三维视觉、触觉、嗅觉等多种感官体验的虚拟世界，从而使处于虚拟世界中的人产生一种身临其境的感觉。

虚拟现实技术涉及的技术包括但不限于以下5类。

随着虚拟现实技术的不断完善与发展，其应用领域也不断被拓宽。目前，该技术已经广泛应用在教育、医学、影视娱乐、军事、设计、航空航天以及工业等诸多方面。涉足虚拟现实产业的上市公司非常多，虚拟现实技术概念涵盖的上市公司包括但不限于奋达科技、宝明科技、兰黛科技、天音控股、视觉中国、东方网络、三七互娱、凯撒文化等。

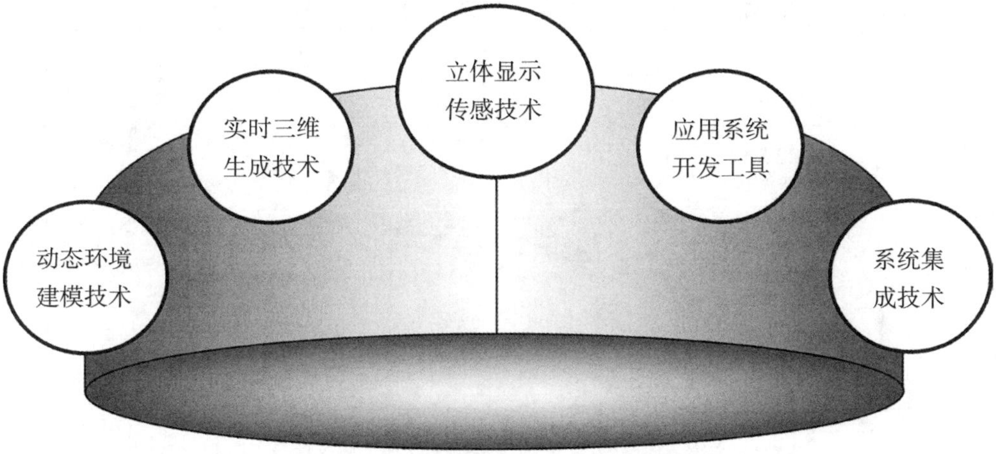

图8-6　虚拟现实技术依托的关键技术

奋达科技主营消费电子整机及核心部件的研发、设计、生产与销售，是智能硬件领域垂直一体化解决方案提供商。该公司的参股公司奥图科技在2015年9月发布了中国首部增强现实智能眼镜“酷镜”，并在发布会上公布了其正在研发的产品——炫镜。炫镜属于VR虚拟头盔，因此，奋达科技也成为虚拟现实的概念股。

其财务数据如下。

截至2021年年底，奋达科技的总营收为41.68亿元，每股盈利0.03元，每股净资产为1.24元。2022年6月底，该股总市值为70亿元左右，每股股价为4元左右。

奋达科技的基本面一般，每股盈利非常低，当然股价也不算高。但奋达科技属于“虚拟现实”概念的标的之一，同时还是消费电子、传感器等多种概念的标的。

2022年4月底以后，在大盘反弹的推动下，“虚拟现实”概念的涨幅远远超过了指数。

下面来看一下奋达科技的股价走势情况，如图8-7所示。

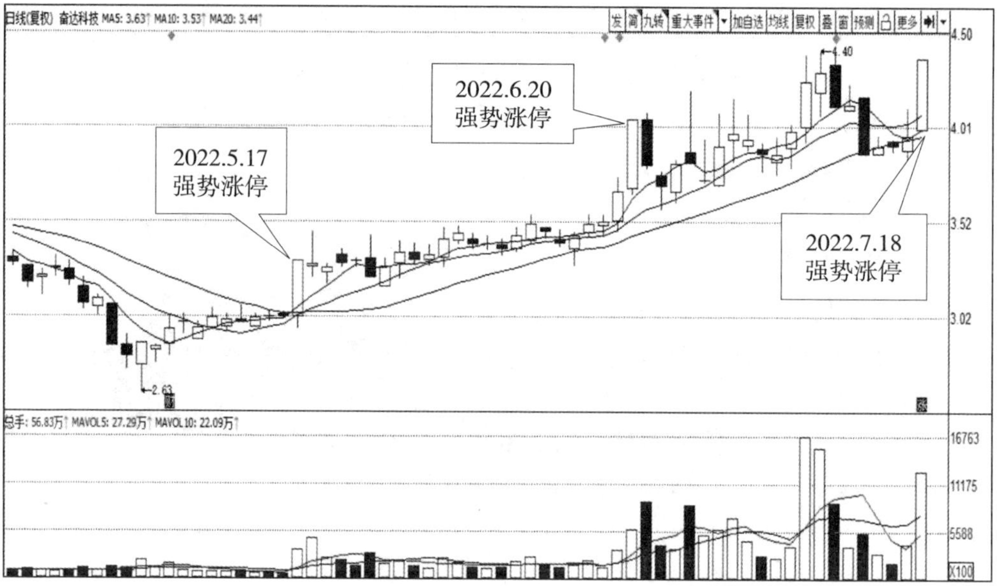

图8-7　奋达科技（002681）日K线走势图

2022年4月底以前，奋达科技的股价随大盘的下跌而振荡走低。4月底以后，在大盘反弹的带动下，奋达科技的股价出现了振荡走高态势。

该股股价在振荡走高过程中，分别在5月17日、6月20日、7月18日三度拉出涨停板，由此可见资金对这类“有题材”的股票有多偏爱。

三、元宇宙概念——中青宝

“元宇宙”（Metaverse）一词由前缀“Meta”（意为超越）和词干“Verse”（“宇宙”的后缀）组成。该术语通常用于描述互联网未来迭代的概念，由链接到可被感知的虚拟世界持续共享的三维虚拟空间组成。最近两年，腾讯、字节、脸书等巨头纷纷加码元宇宙，VR、AR、AI等作为元宇宙的技术基础迎来高速增长期。

最早涉猎元宇宙的企业以网络游戏、文化传媒类企业居多。目前，元宇宙概念内的上市公司包括中青宝、汤姆猫、智度股份、湖北广电、中科金财、引力传媒等。

中青宝是一家拥有自主研发能力、独立运营能力的专业化网络游戏公司，其主营业务包括网络游戏的开发与运营等。

截至2021年年底，中青宝的总营收为3.55亿元，每股盈利-0.18元，每股净资产为2.44元。2022年6月底，该股总市值为60亿元左右，每股股价为23元左右。

中青宝的基本面一般，每股盈利还处于亏损状态，股价却很高，这与该公司介入元宇宙相关领域有关。由于该公司整体盘子较小，属于市场上比较新的“元宇宙”概念，因而获得了各路资金的青睐。当然，企业能否盈利，短线游资并不关注，他们也不会持续持股。这些短线游资炒作的目的，就是激发市场的做多情绪，只要有愿意高位接盘的投资者入场就可以，至于以后的股价，他们是不会考虑的。

自2021年9月开始，中青宝掀起了一波又一波的炒作行情，如图8-8所示。

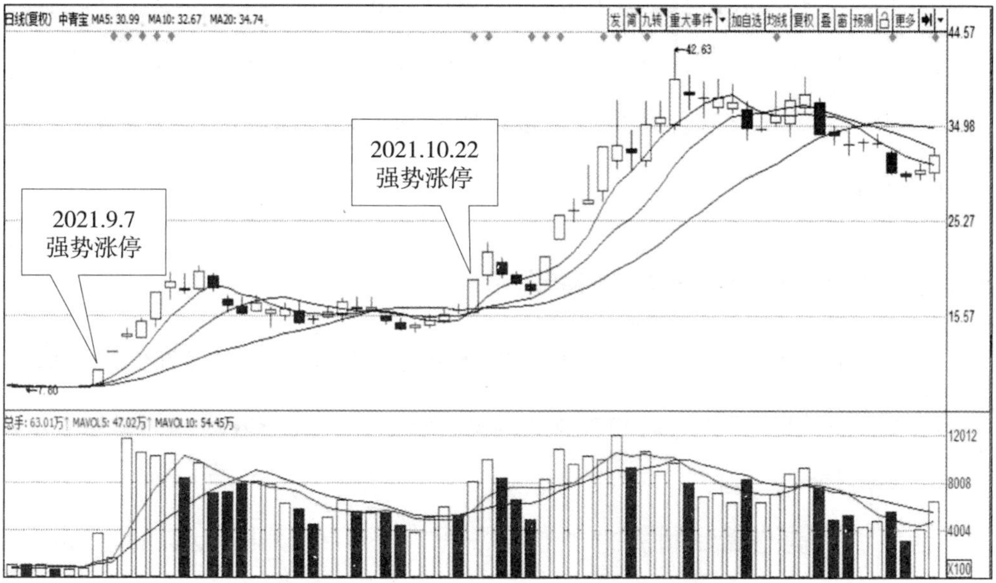

图8-8　中青宝（300052）日K线走势图

2021年9月7日以前，中青宝受到的关注较少，股价一直呈低位横向振荡态势。2021年9月7日，元宇宙概念横空出世，中青宝作为“元宇宙”概念的龙头股率先启动，被封上涨停板。此后，该股股价连续拉出多个涨停板，之后进入调整阶段。

2021年10月22日，中青宝再度启动上攻，标志着“元宇宙”概念第二波炒作浪潮启动。这一阶段的涨幅竟然比第一阶段的涨幅还要大。

其实，该股的股价走势基本符合游资短线炒作的特征，第一波炒作只是一个预热。随着元宇宙概念逐渐发酵，市场对元宇宙概念的挖掘越来越多，因此，当第二波炒作启动后，追涨的资金更多，涉及的领域也更广泛，而这正是龙头股走得更远的基础。

第三节 高端制造概念

随着多年的发展，我国早已成为全球最大的工业制造国，但在高端制造领域，与欧美等发达国家尚有一定的差距，因此，高端制造领域成为我国未来发展的一个重点方向。在短线资金炒作方向上，工业母机、机器人、专精特新都是比较热门的概念。

一、工业母机概念——华辰装备

工业母机指的是机床，是将金属毛坯等材质加工成机器零部件的机器，是制作机器的机器。因此，机床是制造业的基石，在制造业和国民经济发展中具有举足轻重的地位。

数控机床更是高端制造的“工业母机”，是智能制造发展的基础。目前，智能装备制造已经迎来制造业转型升级的新阶段。高端工业母机具有高精度、高复杂性、高效高动态的特点，处于制造业价值链和产业链的核心环节。

随着中美竞争的加剧，高端制造领域特别是工业母机行业，有望得到更多的政策支持，进入高速发展周期。工业母机概念股包括吴志机电、华辰装备、青海华鼎、华东数控、华东重机、上机数控、宇晶股份等。

华辰装备是一家全球领先、集轧辊磨床研发制造和技术支持为一体的解决方案服务商，其核心业务为全自动高精度数控轧辊磨床研发生产。

华辰装备属于国内轧辊磨床行业的领军企业，该公司主要经营全自动高精密数控轧辊磨床，产品广泛应用于钢铁、造纸、有色金属等行业，部分应用领域内的设备品质已达到国际领先水平，华辰装备属于典型的“工业母机”概念股。

截至2021年年底，华辰装备的总营收为4.09亿元，每股盈利0.49元，每股净资产为9.24元。2022年6月底，该股总市值为60亿元左右，每股股价为24元左右。

华辰装备的基本面尚可，2021年的每股盈利不错，股价当然要高一些（工业母机概念炒作前，股价还是很低的），这与该公司属于工业母机概念股有关。由于该公司整体盘子较小，还属于市场上比较新的“工业母机”概念，因而获得了各路资金的青睐。

下面来看一下该股的股价走势情况，如图8-9所示。

2021年8月以前，华辰装备受到的关注较少，股价一直呈低位横向振荡态势。2021年8月3日，工业母机概念横空出世，华辰装备作为“工业母机”概念的龙头股率先启动，被封上涨停板。此后，该股股价并未连续上攻，而是出现了一波横向盘整走势。正当所有的投资者对工业母机概念失去兴趣时，“工业母机”炒作行情才算真正到来了。

2021年8月20日，华辰装备再度启动上攻并强势涨停，此后，该股又连续拉出多个涨停板。要知道，华辰装备属于创业板股票，一个涨停板就是20%。也就是说，该股股价在短短几个交易日就完成了“翻倍”，由此可见市场资金炒作有多凶猛。

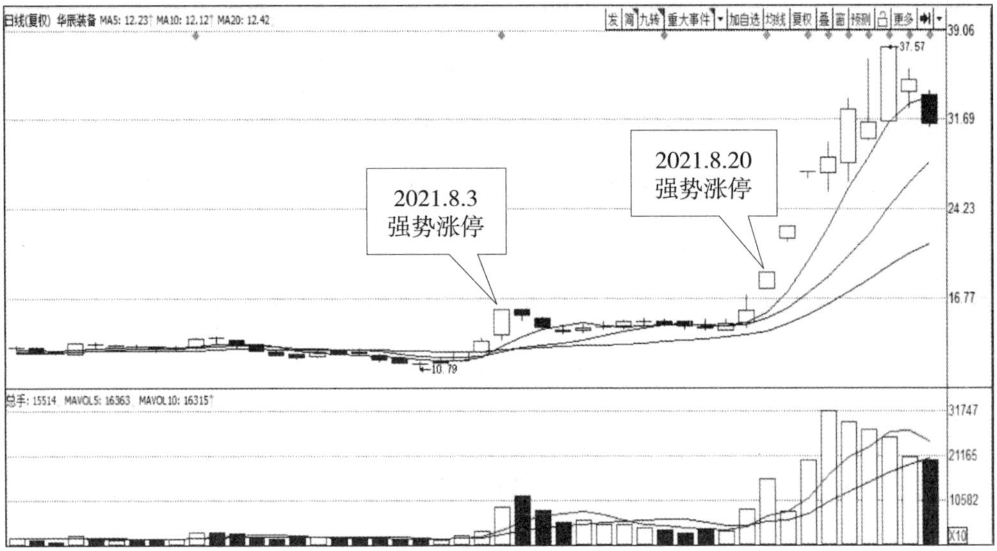

图8-9　华辰装备（300809）日K线走势图

二、机器人概念——巨轮智能

机器人是一种能够半自主或全自主工作的智能机器。机器人具有感知、决策、执行等基本特征，可以辅助甚至替代人类完成危险、繁重、复杂的工作，提高工作效率与质量，服务人类生活，扩大或延伸人的活动及能力范围。

随着科技的不断进步和人工成本的上升，很多工业企业都开始尝试用机器人替代人工来完成一些工作。同时，机器人行业的发展也是一个国家科技水平的体现，因此，最近几年机器人行业进入了快速发展阶段。机器人概念股包括金智科技、宝馨科技、巨轮智能、新特电气、延华智能、山东章鼓、国机汽车等。

巨轮智能是国内汽车子午线轮胎活络模具龙头企业，其核心业务包括轮胎专用制造设备的研发、生产和销售。巨轮智能是国家工业机器人规范企业、广东省机器人骨干企业之一。该公司自主研发的机器人抛光打磨系统已通过了五金、厨卫、3C、建材、智能家具、汽车、医疗、航天、新能源、运动器材等多个行业的验证与应用，可完全取代熟练工人在高强度高污染环境下作业。

截至2021年年底，巨轮智能的总营收为22.09亿元，每股盈利-0.21元，每股净资产为1.1元。2022年6月底，该股总市值为80亿元左右，每股股价为4元左右。

巨轮智能的基本面不佳，2021年每股盈利出现了较大的亏损，股价也不算高（机器人概念炒作前，股价更低）。由于该公司整体盘子较小，还属于市场上比较新的“机器人”概念，因而获得了各路资金的青睐。

下面来看一下该股的股价走势情况，如图8-10所示。

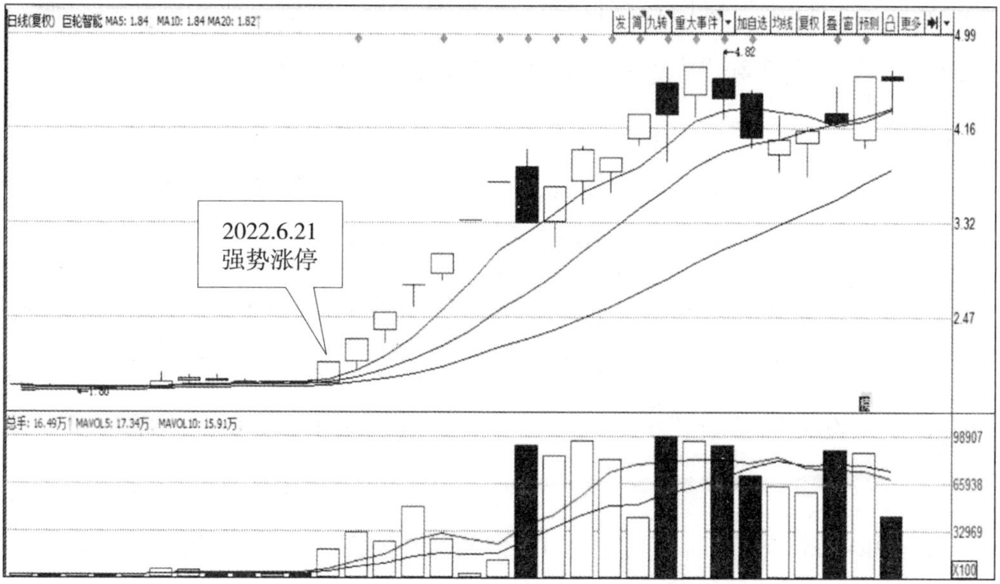

图8-10　巨轮智能（002031）日K线走势图

2022年6月中旬以前，巨轮智能受到的关注较少，股价一直呈低位横向振荡态势。2022年6月21日，机器人概念成为市场新的热点。巨轮智能作为“机器人”概念的龙头股率先启动，被封上涨停板。此后，该股股价更是连续拉出多个涨停板，一时风光无二，成为机器人概念的绝对龙头。

三、专精特新概念——同飞股份

专精特新“小巨人”企业是全国中小企业评定工作中等级最高、最具权威的荣誉称号，是指专注于细分市场、创新能力强、市场占有率高、掌握关键核心技术、质量效益优的排头兵企业。早在2011年，工信部就在《“十二五”中小企业成长规划》中首次提出，将“专精特新”作为中小企业转型升级的重要途径。

2021年1月23日，财政部、工信部联合印发《关于支持“专精特新”中小企业高质量发展的通知》，启动中央财政支持“专精特新”中小企业高质量发展政策，提出加快培育一批专注于细分市场、聚焦主业、创新能力强、成长性好的专精特新“小巨人”企业，推动提升专精特新“小巨人”企业的数量和质量。

专精特新概念股包括瑞浩模具、赛象科技、传艺科技、同飞股份、科力尔、华辰装备、江化微、鑫铂股份、瑞可达、金辰股份等。

同飞股份是国内数控装备制冷领域具备业务规模和产品覆盖面的主要厂商之一，其核心业务为从事工业制冷设备的研发、生产和销售。同时，同飞股份也是入选专精特新“小巨人”名单的企业，属于典型的“专精特新”概念股。

截至2021年年底，同飞股份的总营收为8.29亿元，每股盈利2.52元，每股净资产为29.86元。2022年6月底，该股总市值为60亿元左右，每股股价为60元左右。

同飞股份的基本面非常好，2021年的每股盈利更是非常漂亮，股价当然也不算便宜，这与该公司属于“专精特新”概念股而被资金炒作有关。该公司整体盘子较小，还属于市场上比较新的“专精特新”概念，加之基本面优良，因而更容易引起各路资金的青睐。

下面来看一下该股的股价走势情况，如图8-11所示。

2022年4月底以前，在大盘下跌的带动下，同飞股份的股价连续下跌。2022年4月27日，同飞股份与大盘同步触底反弹。7月14日之后，由于“专精特新”概念成为市场新的热点，同飞股份作为“专精特新”概念股出现了加速上升行情。

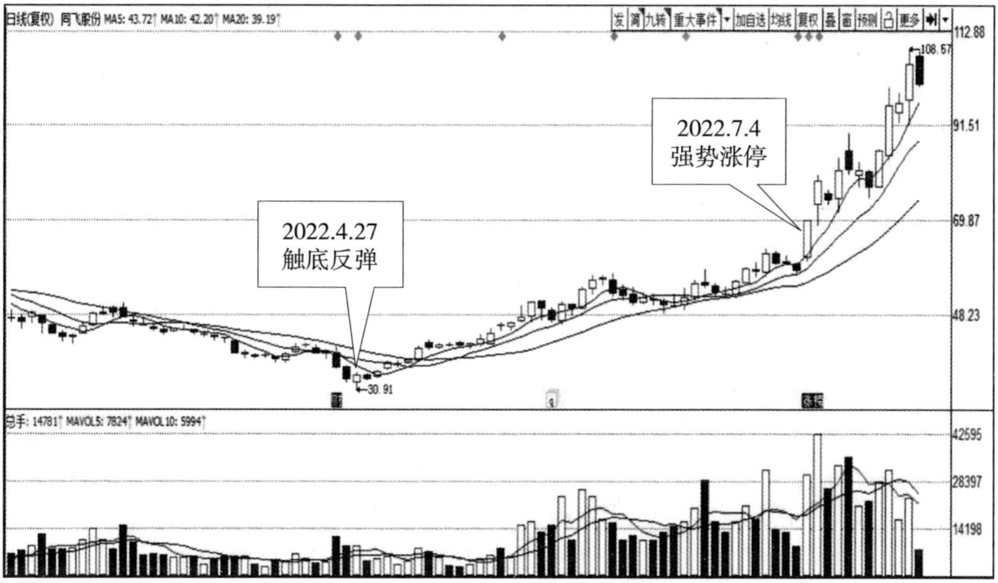

图8-11　同飞股份（300990）日K线走势图

第九章

其他热门炒作概念

市场上从来不缺少炒作的概念，各种热门概念此起彼伏，各领风骚一阵子。本章将对其中的一些热门概念进行梳理，仅供读者参考。

第一节　消费类热门概念

消费板块本身就是一个白马频出的领域。很多超级绩优股、白马股，如贵州茅台、五粮液、格力电器、美的集团等都来自该板块。同时，最近几年，一些与消费板块相关的热门概念，也常常成为短线资金关注的焦点，特别是免税概念、预制菜概念，更是火爆异常。

一、免税概念——王府井

免税业在国外已经是比较常见的一种业态了，但在国内仍属于新兴事物。同时，从经济发展的角度来看，免税业也是引导消费回流的重要手段。消费是拉动经济增长的主要动力，正是基于这样的原因，政府才出台一系列政策降低关税，以引导海外消费回流。

最近几年，因疫情的原因，大量海外消费被动截留国内，跨境奢侈品购物平台搜索量激增。未来，“国内跨境购”或将成为常态，免税业将迎来一波快速发展的黄金期。免税业概念股包括中国中免、王府井、南宁百货、岭南控股、步步高、海汽集团等。

王府井是一家以商品零售和商业物业出租业务为主营业务的企业，目前已形成集百货、奥特莱斯、购物中心和超市四大业态协同发展的格局。

2020年6月9日，王府井集团股份有限公司收到控股股东北京首都旅游集团有限责任公司转发的《财政部关于王府井集团股份有限公司免税品经营资质问题的通知》，授予公司免税品经营资质，允许公司经营免税品零售业务。自此，王府井成为免税概念的龙头品种。

下面来看一下该股的财务数据情况。

截至2021年年底，王府井的总营收为127.53亿元，每股盈利1.36元，每股净资产为17.08元。2022年6月底，该股总市值为280亿元左右，每股股价为26元左右。

王府井的基本面不错，每股盈利比较漂亮，同时，该股的总市值也不算大。在该股因免税概念被大幅炒作前，股价更低，这就使得该股非常容易成为短线资金攻击的对象，成为免税概念的龙头品种。

下面来看一下该股的股价走势情况，如图9–1所示。

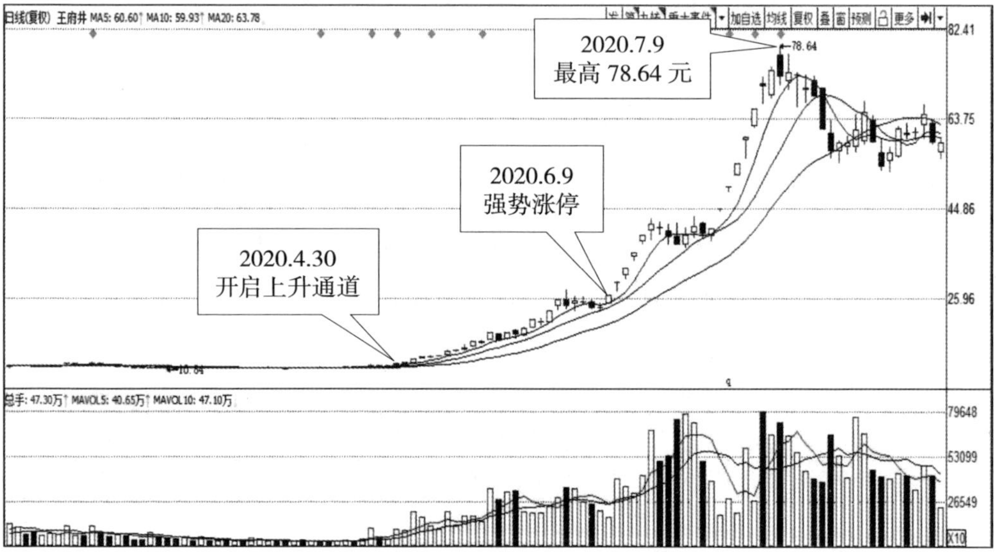

图9–1　王府井（600859）日K线走势图

2020年4月底以前，王府井的基本面优势并未显现，股价一直比较低迷。2020年4月底，市场开始传闻王府井可能会获得免税店经营资质。尽管当时只是属于市场传闻，但在这种忽隐忽现的传闻影响下，股价不断创出新高。

进入6月份后，该股股价开始横向调整。6月8日晚，王府井公告已经获得了免税资质。6月9日，该股股价强势封住涨停板。此后，该股股价真正的主升浪才到来。股价一度上涨至78.64元。若从6月9日快速上攻开始算起，也就是1个月股价翻了3倍多。若从4月30日开始算起，也就是两个多月的时间里，股价翻了7倍有余。

二、预制菜概念——得利斯

预制菜是运用现代标准化流水作业，对菜品原料进行前期准备工作，简化制作步骤，经过卫生、科学包装，再通过加热或蒸炒等方式就能直接食用的便捷菜品。据艾媒咨询调查，2021年中国预制菜市场规模为3459亿元，同比增长19.8%，到2025年，中国预制菜市场规模或将突破8000亿元。

2022年，预制菜概念股横空出世。该概念包括的上市公司有得利斯、中水渔业、欧亚集团、千味央厨、金陵饭店、惠发食品等。

得利斯是一家以生猪屠宰、肉制品深加工、速冻调理产品加工、牛肉系列产品精细加工为主营业务的企业。“得利斯”牌低温肉制品连续多年位于全国市场同类产品销量第一名。近年来，在冷却肉制品、低温肉制品等基础上，公司拓展了牛肉系列产品、速冻米面产品、预制菜产品相关业务，产品结构不断完善，这使得该股成为“预制菜”概念股。

下面来看一下该股的财务数据情况。

截至2021年年底，得利斯的总营收为31.3亿元，每股盈利0.09元，每股净资产为2.77元。2022年6月底，该股总市值为50亿元左右，每股股价为8元左右。

得利斯的基本面一般，每股盈利较低，同时，该股的总市值较小。在该股因预制菜概念被大幅炒作前，股价更低，这就使得该股非常容易成为短线资金攻击的对象，成为预制菜概念的龙头品种。

下面来看一下该股的股价走势情况，如图9-2所示。

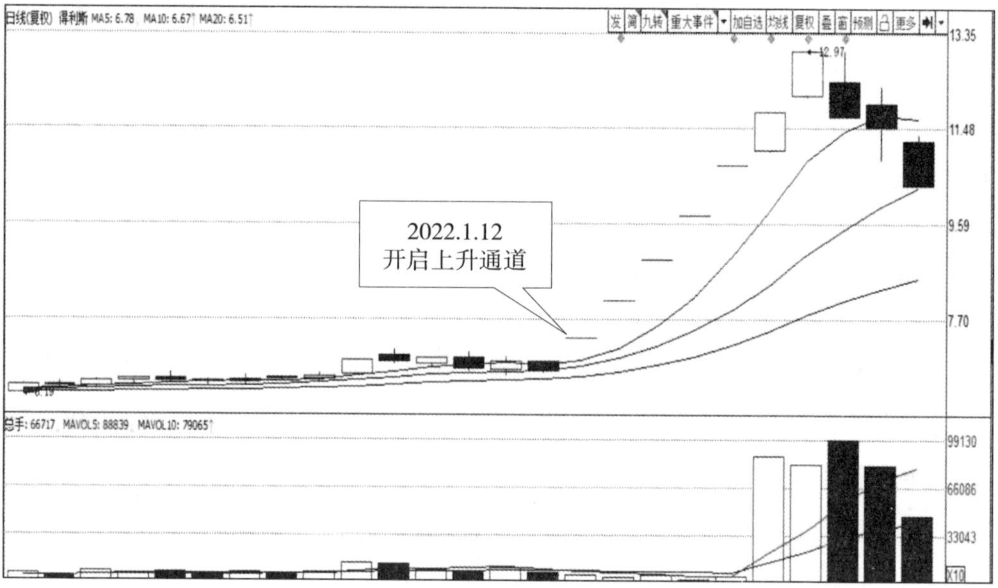

图9-2　得利斯（002330）日K线走势图

2022年1月中旬以前，得利斯受到的关注较少，股价一直在低位徘徊。2022年1月12日，预制菜概念受利好消息的刺激掀起了涨停潮，多只预制菜概念股强势涨停，得利斯更是直接一字封板，强势尽显。

此后的几个交易日，得利斯连续拉出涨停板，在几个交易日内，股价涨幅超过90%，由此可见市场资金对预制菜概念的追捧程度之高。

第二节　医药健康类热门概念

医药健康领域经常被炒作的概念非常多，特别是最近几年，疫情更是催生了很多热门概念。

一、医美概念——朗姿股份

医疗美容是指运用药物、手术、医疗器械以及其他具有创伤性或者不可逆性的医学技术方法，对人的容貌和人体各部位形态进行修复与再塑的美容方式。最近几年，随着国民经济的不断发展，人们对医疗美容的需求与日俱增，医疗美容行业迎来了发展的春天。

医美概念股是最近几年短线游资炒作的热门方向，很多医美概念股都出现了暴涨行情。典型的医美概念股包括朗姿股份、澳洋健康、长江健康、水羊股份、新华制药、创新医疗、华东医药等。

朗姿股份原是一家以品牌女装设计、生产与销售为主营业务的企业。自2020年开始，该公司开始布局医美业务，近年来，在医美领域不断加大布局力度。目前，公司控股“米兰柏羽”“晶肤医美”和“高一生医美”三大国内医美品牌，战略投资韩国著名医疗美容服务集团DMG，在成都、西安两大西部核心城市，初步形成了一家大型整形医院加多家小型连锁门诊、诊所的医疗美容机构体系。

截至2021年年底，朗姿股份的总营收为36.65亿元，每股盈利0.42元，每股净资产为6.68元。2022年6月底，该股总市值为130亿元左右，每股股价为30元左右。

朗姿股份的基本面不错，每股盈利尚可，同时，该股的总市值也不算大。在该股因医美概念被大幅炒作前，该股股价更低，这就使得该股非常容易成为短线资金攻击的对象，成为医美概念的龙头品种。

下面来看一下该股的股价走势情况，如图9-3所示。

2020年11月以前，朗姿股份受到的关注较少，股价一直在9元左右的低位徘徊。2020年11月4日，朗姿股份进入医美领域的消息开始传出，该股股价强势涨停。此后，随着该股在医美领域不断加码，股价也不断水涨船高。

到了2021年6月1日，该股股价触及了71.23元的高点，这就意味着，该股股价在7个月的时间里翻了7倍多。

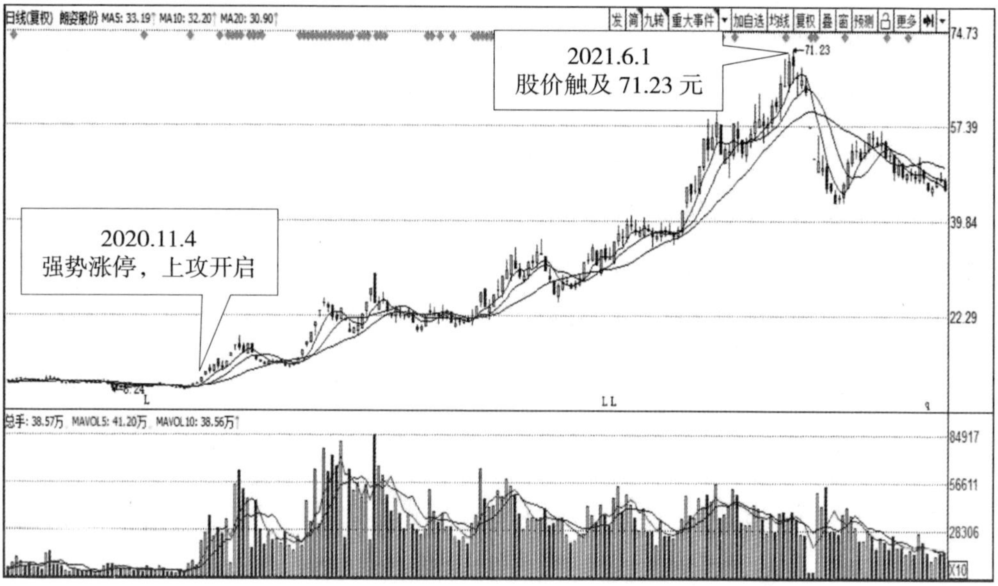

图9-3 朗姿股份（002612）日K线走势图

二、猴痘概念——之江生物

猴痘是一种病毒性人畜共患病，人类中出现的症状与过去在天花患者身上看到的症状相似。

2022年5月以来，英国、美国、加拿大、葡萄牙、西班牙、瑞典、意大利等多国报告新增猴痘确诊或疑似病例，美欧正在对此展开调查，并订购疫苗用以预防，猴痘概念一时间成为市场资金炒作的又一个热点方向。猴痘概念股包括众生医药、中国医药、翰宇药业、万孚生物、明德生物、之江生物、济南高新、拓新药业等。

之江生物是国内生产分子诊断试剂的龙头企业之一，其核心业务包括分子诊断试剂的研发、生产和销售等。该公司开发的猴痘病毒核酸测定试剂盒

（荧光PCR法）产品已经获得欧盟CE认证，在公司官网有产品介绍，目前该试剂盒已经有国内外小批量订单。

截至2021年年底，之江生物的总营收为20.19亿元，每股盈利3.98元，每股净资产为19.66元。2022年6月底，该股总市值为80亿元左右，每股股价为38元左右。

之江生物的基本面不错，每股盈利较佳，同时，该股的总市值也不算大。在猴痘疫情出现后，该股很容易成为资金追捧的对象。

下面来看一下该股的股价走势情况，如图9-4所示。

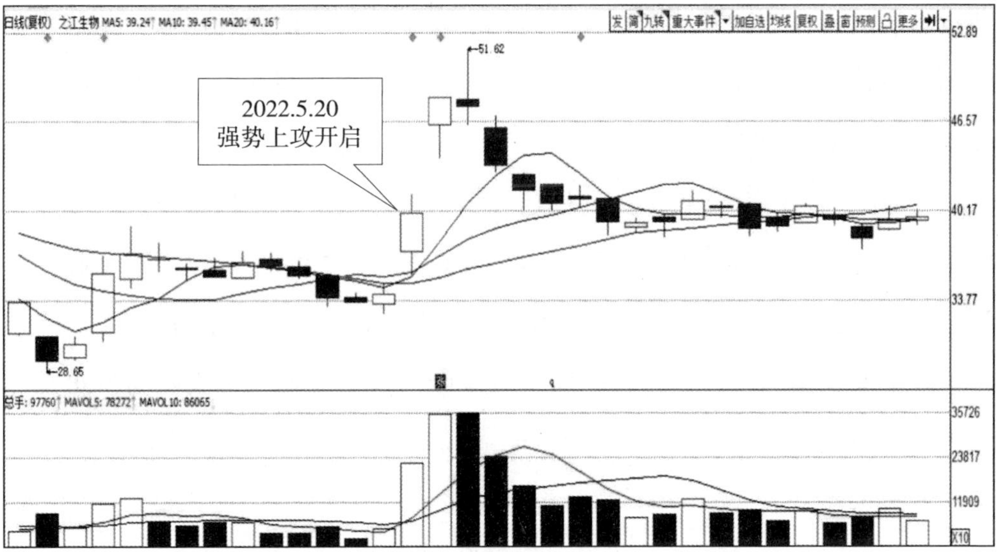

图9-4　之江生物（688317）日K线走势图

2022年5月中旬以前，随着大盘下跌与反弹，之江生物的股价在底部区域剧烈振荡。2022年5月20日，欧美等国猴痘疫情出现扩大的态势，作为猴痘疫情的概念股，之江生物的股价强势上升，涨幅达到了16.99%。次日，该股股价更是强势涨停。

在两个交易日里，该股股价涨幅就超过了40%，由此可见短线对其炒作力度之强。

三、基因测序——兰卫医学

基因测序是一种新型基因检测技术，能够从血液或唾液中分析测定基因全序列，预测罹患多种疾病的可能性、个体的行为特征及行为合理，如癌症或白血病、运动天赋、酒量等。

基因测序技术能锁定个人病变基因，提前预防和治疗。可以这样说，基因测序技术是下一个改变世界的技术。

目前，涉及基因测序技术、基因编辑技术的上市公司较多，包括但不限于华大基因、重药控股、金域医学、达安基因、万孚生物、紫鑫药业、汉王科技、澳洋科技、国际医学、贝瑞基因、仟源医药、佐力药业等。在新冠疫情出现后，基因测序技术被广泛地应用于新冠病毒检测领域，这直接推动了短线资金对基因测序概念股的炒作。

兰卫医学是一家向各级医疗机构提供第三方医学检验和病理诊断服务、国内外知名品牌体外诊断产品以及其他专业技术支持为主营业务的企业，其核心产品和服务包括医学检验及病理诊断服务、体外诊断产品等。

截至2021年年底，兰卫医学的总营收为17.78亿元，每股盈利0.58元，每股净资产为3.91元。2022年6月底，该股总市值为140亿元左右，每股股价为35元左右。

兰卫医学的基本面不错，每股盈利不错，同时，该股的总市值也不算大。本来基因测序概念就是一个市场上的热门概念，经常被短线游资炒作。当新冠疫情出现后，基因测序技术可以被应用于新冠病毒的检测，这就更容易引起资金的追捧。

下面来看一下该股的股价走势情况，如图9-5所示。

2022年3月初，新冠疫情在国内局部地区重燃。3月10日，与新冠病毒检测、基因测序相关的概念股活跃，兰卫医学的股价强势上升，并以涨停报收。此后的几个交易日，该股股价连续上攻。到了3月16日，该股股价上攻至60.90元的高位。也就是说，在短短的几个交易日内，该股股价就实现了翻番。

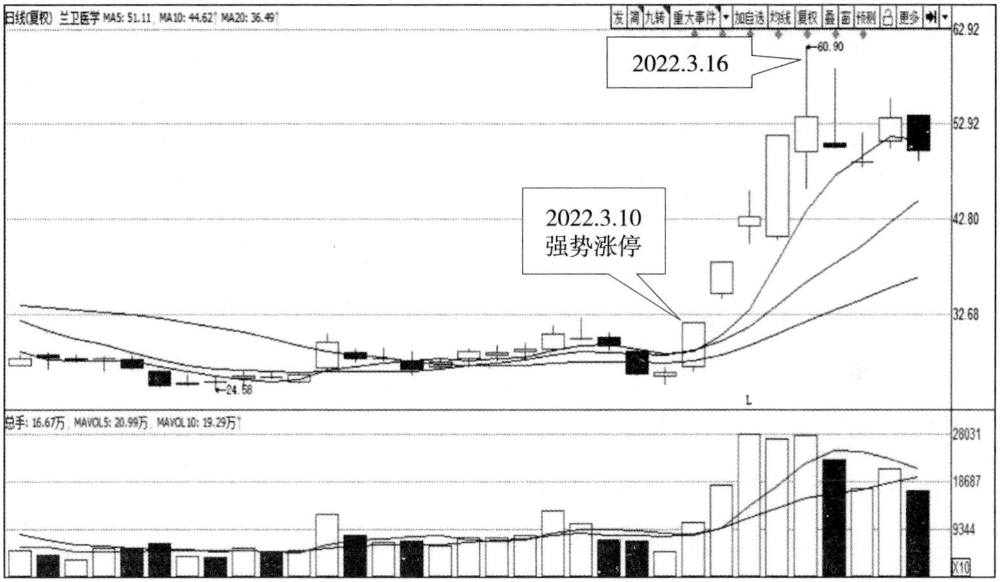

图9-5 兰卫医学（301060）日K线走势图

四、禽流感概念——南新制药

禽流感通常指的是人感染禽流感，是由禽流感病毒引起的人类疾病。禽流感病毒属于甲型流感病毒。由于禽流感病毒的血凝素结构等特点，一般只感染禽类。当病毒在复制过程中发生基因重配，致使结构发生改变，获得感染人的能力，才可能造成人感染禽流感疾病的发生。

至今发现能直接感染人的禽流感病毒亚型有：H5N1亚型、H7N1亚型、H7N2亚型、H7N3亚型、H7N7亚型、H9N2亚型和H7N9亚型。在禽流感病毒中，高致病性H5N1亚型和新禽流感H7N9亚型最为引人关注。目前，禽流感概念股包括众生制药、天康生物、南新制药、海正药业、紫鑫药业、明德生物、以岭药业、莱茵生物等。

南新制药是集药品研产销于一体的创新型制药企业，专注于流行性感冒等抗病毒、传染病防治药品，以及恶性肿瘤、糖尿病等其他重大疾病治疗药品的研发、生产与销售。NX-2016是公司自主研发的国家1类新药，其适应症为流感和高传染性的禽流感。

截至2021年年底，南新制药的总营收为6.85亿元，每股盈利-1.19元，每股净资产为9.95元。2022年6月底，该股总市值为40亿元左右，每股股价为40元左右。

南新制药的基本面尚可，只是2021年受疫情影响，企业收入锐减，造成了较大的亏损。不过，该股毕竟属于科创板股票，并且该股的总市值较小，在禽流感疫情出现后，该股很容易成为资金追捧的对象。

下面来看一下该股的股价走势情况，如图9-6所示。

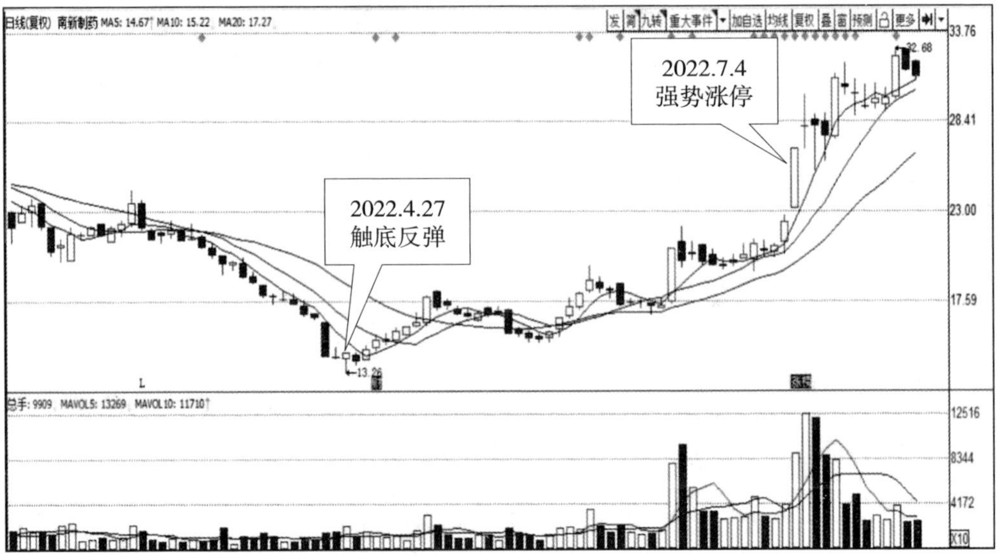

图9-6　南新制药（688189）日K线走势图

2022年4月底，在大盘触底反弹的影响下，南新制药的股价也同步开始触底反弹。受禽流感利好消息（科学家揭示新型H5N1禽流感病毒进化全貌）影响，7月4日禽流感概念股全线上扬，南新制药的股价一马当先，走出了20%的涨停板。

第三节　传统基建类热门概念

随着环保监管趋严，以及“碳中和”战略的实施，对传统基建行业的环保要求也越来越高，传统基建工程与环保节能融合将成为大势所趋。最近几年，该领域也涌现出了几个比较热门的炒作概念，诞生了一批牛股。

一、装配式建筑——建艺集团

装配式建筑是指把传统建造方式中的大量现场作业工作转移到工厂进行，在工厂加工制作好建筑用构件和配件（如楼板、墙板、楼梯、阳台等），运输到建筑施工现场，通过可靠的连接方式在现场装配安装而成的建筑，通俗理解就是“拼积木”式建筑。与传统建筑相比，从前端的设计到施工、装修等各个环节，都更加强调标准化、模块化，因此效率更高，也更加环保。

最近几年，装配式建筑得到了快速发展，同时国家也出台了一系列政策、措施鼓励装配式建筑行业的发展。未来，装配式建筑有望成为建筑领域的一大潮流和趋势。装配式建筑概念股包括建艺集团、浙江建投、安徽建工、方大集团、漳州发展、瑞和股份、宝鹰股份、北玻股份、中旗新材等。

建艺集团是一家为写字楼、政府机关、星级酒店、文教体卫建筑、交通基建建筑等公共建筑及住宅（面向地产商）提供室内建筑装饰施工和设计服务的企业。

该公司投资的装配式建筑生产项目位于平远县广州南沙（平远）产业转移工业园，由公司全资子公司分期实施。目前，公司已经基本完成厂房建设，首期以PC预制构件为主。同时，公司也持续关注装配式室内装修业务。未来公司将以该项目为基点，积极研究并发展装配式建筑相关业务。

建艺集团的财务数据如下。

截至2021年年底，建艺集团的总营收为19.48亿元，每股盈利-6.76元，每股净资产为0.91元。2022年6月底，该股总市值为24亿元左右，每股股价为15元左右。

建艺集团的基本面不佳，尤其是2021年因疫情影响，企业收入锐减，造成了较大的亏损。不过该股盘子较小（流通盘仅为总市值的一半水平），股价不高，又是典型的装配式建筑概念股，因此，当装配式建筑概念被热炒时，该股很容易成为短线资金追涨的目标。

下面来看一下该股的股价走势情况，如图9-7所示。

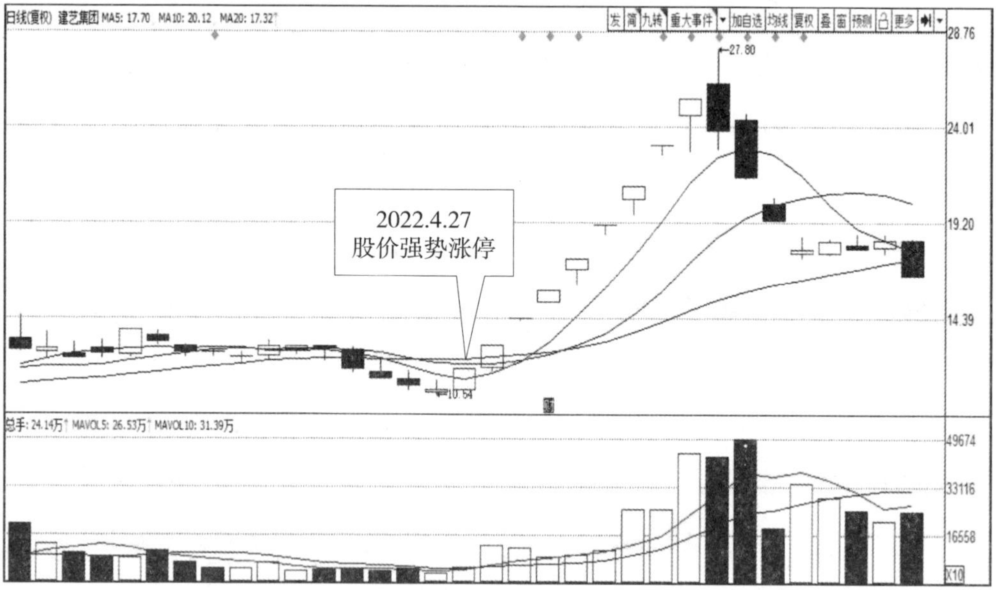

图9-7　建艺集团（002789）日K线走势图

2022年4月底以前，建艺集团受到的关注较少，股价一直在低位徘徊，一度跌破10元。2022年4月27日，大盘触底反弹，建艺集团在装配式建筑利好消息的刺激下，成为反弹的先锋，股价率先涨停。此后，该股股价更是连续拉出多个涨停板。该阶段，该股共拉出9个涨停板，股价翻了1倍多。

二、绿色建筑——海螺新材

绿色建筑是指在全寿命期保持低能耗、环境友好且健康宜居的高品质建筑。按照住房和城乡建设部发布的相关文件，到2025年，我国城镇新建建筑将全面执行绿色建筑标准，星级绿色建筑占比达到30%以上，新建政府投资公益性公共建筑和大型公共建筑全部达到一星级以上。

2022年7月，住房和城乡建设部、国家发展改革委联合印发《城乡建设领域碳达峰实施方案》。实施方案提出，2030年前，城乡建设领域碳排放达到峰值，城乡建设绿色低碳发展政策体系和体制机制基本建立。绿色建筑概念股包括海螺新材、金晶科技、滨化股份、万华化学、泰豪科技、三湘印象、中国建筑等。

在国际塑料型材行业中，海螺新材稳居首位，其核心产品包括高档塑料型材、板材、门窗的研发销售等。

海螺新材积极贯彻绿色发展理念，围绕国家碳达峰、碳中和的战略部署，加强节能环保产品研发，加快技术创新步伐，坚持走绿色创新发展道路。加强建筑节能产品研发，加大超低能耗被动窗等前沿技术研究，开发出可满足80%节能要求的系统门窗产品。

海螺新材的财务数据如下。

截至2021年年底，海螺新材的总营收为48.54亿元，每股盈利-0.4元，每股净资产为6.39元。2022年6月底，该股总市值为22亿元左右，每股股价为6元左右。

海螺新材的基本面不佳，尤其是2021年因疫情影响，企业收入锐减，造成了较大的亏损。不过，该股盘子较小，股价不高，又是典型的绿色建筑概念股。因此，当绿色建筑概念被热炒时，该股很容易成为短线资金追涨的目标。

下面来看一下该股的股价走势情况，如图9-8所示。

2022年7月，住房和城乡建设部、国家发展改革委联合印发《城乡建设领域碳达峰实施方案》。受此利好消息影响，绿色建筑概念出现涨停潮。2022年7月12日，海螺新材强势涨停。此后的几个交易日，绿色建筑概念持续发酵，该股股价又连续拉出多个涨停板，由此可见市场短线资金对绿色建筑概念的追捧。

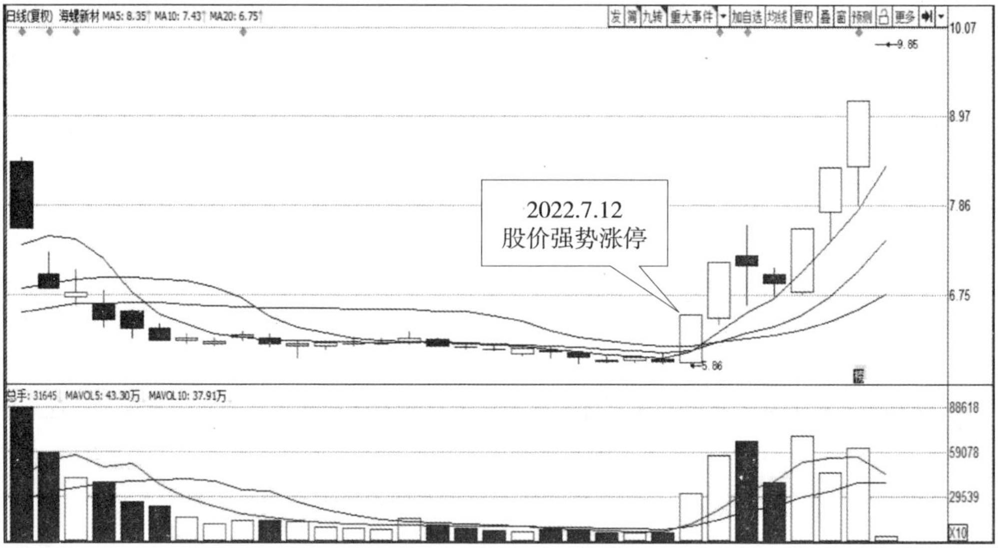

图9-8 海螺新材（000619）日K线走势图

三、建筑节能——北玻股份

建筑节能是指在建筑材料生产、房屋建筑和构筑物施工及使用过程中，满足同等需要或达到相同目的的条件下尽可能降低能耗。

2022年4月1日，我国正式实施国家“双碳”目标制定的强制标准《建筑节能与可再生能源利用通用规范》(GB55015-2021)。自标准发布以来，各省市逐步开展了建筑领域碳排放的研究工作，并通过发文对碳排放计算和指标提出了明确要求。

进入2022年后，建筑节能概念成为市场资金热炒的概念之一。建筑节能概念股包括中材节能、海螺新材、金智科技、双星新材、浙江建投、安徽建工、北玻股份、建艺集团、红宝丽、冀东装备、全筑股份、亚士创能等。

北玻股份是世界级玻璃深加工设备龙头，其核心产品包括玻璃钢化设备、低辐射镀膜玻璃设备、深加工玻璃等。该公司深加工玻璃主要包括钢化玻璃、中空玻璃、夹层玻璃、低辐射镀膜（Low-E）玻璃以及由钢化玻璃或夹层玻璃组合加工而成的其他复合玻璃产品，拥有美观、安全、节能等优点，主要应用于建筑门窗、玻璃幕墙等领域，可以有效降低建筑物能耗，符合国家节能减排的发展目标。

北玻股份的财务数据如下。

截至2021年年底，北玻股份的总营收为16.99亿元，每股盈利0.06元，每股净资产为1.64元。2022年6月底，该股总市值为55亿元左右，每股股价为6元左右。

北玻股份的基本面一般，每股收益也不高。但由于该公司属于玻璃产业中的龙头企业，加上该股盘子较小，股价不高，又是典型的建筑节能概念股。因此，当建筑节能概念被热炒时，该股很容易成为短线资金追涨的目标。

下面来看一下北玻股份的股价走势情况，如图9-9所示。

2022年4月1日，我国正式实施国家“双碳”目标制定的强制标准《建筑节能与可再生能源利用通用规范》(GB55015-2021)。因此，2022年3月中旬，建筑节能概念成了市场上炒作的热门概念之一。

2022年3月15日，北玻股份强势涨停。此后的几个交易日，建筑节能概念持续发酵，该股股价又连续拉出多个涨停板。该股经过9个涨停板后达到9.41元的高位，此时相对于上涨前的股价翻了1倍还多，由此可见市场短线资金对建筑节能概念有多追捧。

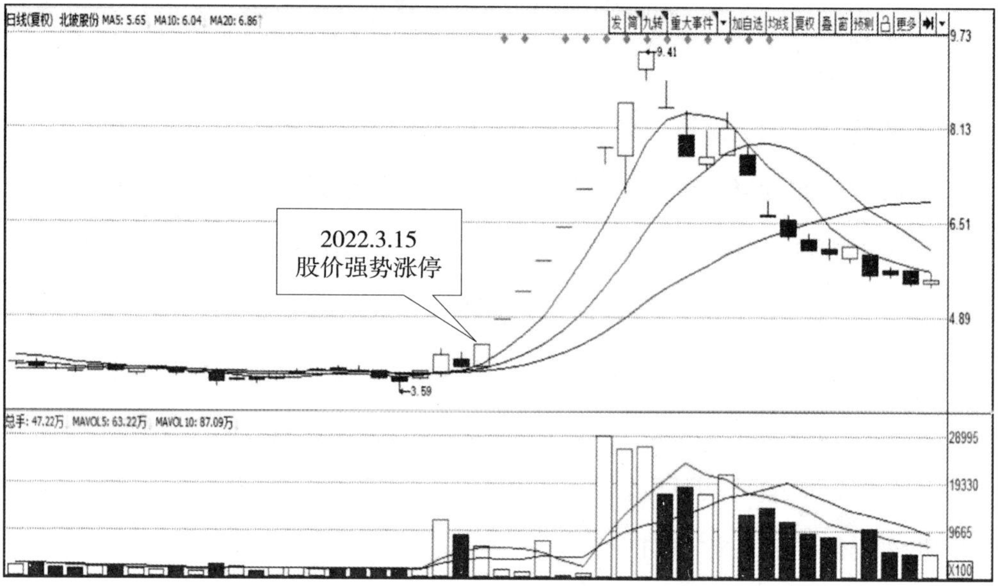

图9-9 北玻股份（002613）日K线走势图

第四节 其他热门炒作概念

除了前面介绍的几类炒作概念外，还有一些特别受短线游资偏爱的概念。本节介绍几种，仅供读者参考。

一、在线教育——豆神教育

在线教育指的是一种基于网络的学习行为，与网络培训概念相似。特别是自2020年以来，受疫情影响，传统线下教育受到了较大的冲击，在线教育迎来了一波快速发展的黄金期。尽管“双减”政策不可避免地对在线教育行业形成了一定的冲击，但也为拥有行业优势的企业提供了新的发展契机。

在线教育概念股包括豆神教育、创业黑马、昂立教育、传智教育、龙版传媒、盛通股份、拓维信息、润和软件等。

豆神教育在语文学习、高考升学、智慧校园等教育领域是领先企业，其业务主要集中在教育业务、信息安全业务等方面。

2015年11月16日，公司拟以定增和支付现金方式收购康邦科技、江南信安各100%股权，交易总价21.64亿元，同时定增配套募资17.96亿元，用于互联网教育云平台建设与运营项目等。

2016年7月公司公告，拟以自有资金34400万元收购上海叁陆零教育投资有限公司100%股权。据公告披露，叁陆零教育是国内领先的互联网留学服务提供商，主要业务是通过互联网平台在线提供一站式的出国留学咨询服务。

豆神教育的财务数据如下。

截至2021年年底，豆神教育的总营收为11.22亿元，每股盈利-0.68元，每股净资产为0.11元。2022年6月底，该股总市值为40亿元左右，每股股价为5元左右。

豆神教育的基本面较差，2021年每股收益为负值。但由于该公司属于在线教育中的龙头企业，加上该股盘子较小，股价不高，因此，当在线教育概念被热炒时，该股很容易成为短线资金追涨的目标。

下面来看一下豆神教育的股价走势情况，如图9-10所示。

2022年6月中旬，新东方在线带货的销售方式引爆了整个网络，几个交易日内，新东方在线的股价翻了几倍。而新东方的火爆，也大大提振了低迷的在线教育行业。一时间，在线教育概念爆发了涨停潮。

2022年6月13日，豆神教育强势涨停。此后的几个交易日，受新东方的影响，在线教育概念持续发酵，该股股价又连续拉出多个涨停板。该股股价自6月13日启动上涨前的3.17元开始，短短几个交易日就达到了6月20日的6.73元，股价翻了1倍还多。

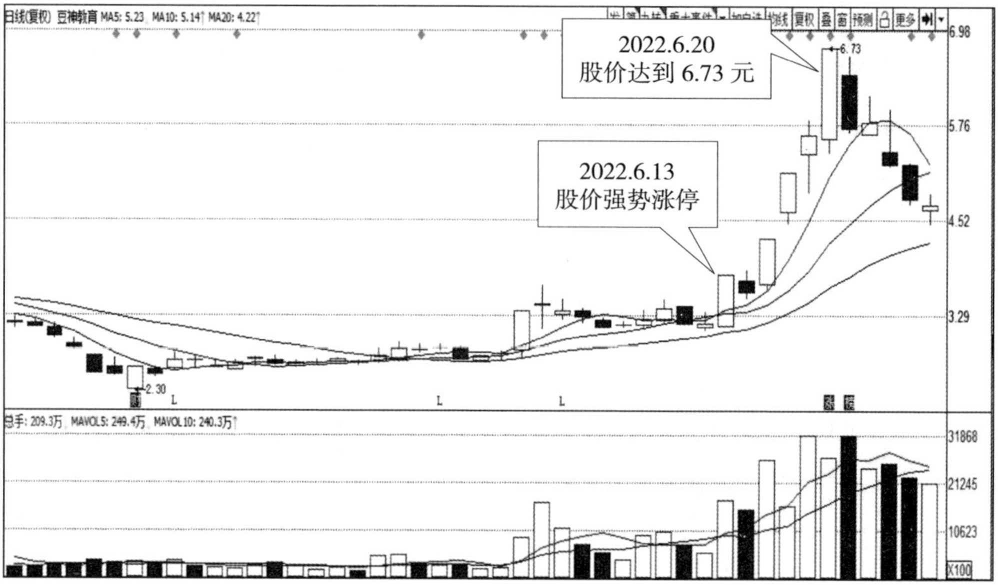

图9-10 豆神教育（300010）日K线走势图

二、智能电网——三变科技

智能电网就是电网智能化，也被称为“电网2.0”，是建立在集成、高速双向通信网络基础上，通过先进的传感和测量技术、先进的设备技术、先进的控制方法以及先进的决策支持系统技术的应用，实现电网可靠、安全、经济、高效、环境友好和使用安全的目标。

智能电网是我国未来电网发展的重点方向，也是一个孕育很多机会的领域。智能电网概念股包括三变科技、科陆电子、惠程科技、神马电力、北京科锐、赫美集团、四方股份、长城电工、闽东电力等。

三变科技是国家电网和南方电网的供应商之一，其核心产品包括变压器、电机、电抗器、低压成套电器设备、输变电设备的生产、维修、保养和销售等。该公司在国内率先进行了智能变电站用35kV、110kV智能变压器试制，继续和国网武汉南瑞公司开展光纤测温变压器的研制工作。

三变科技的财务数据如下。

截至2021年年底，三变科技的总营收为10.34亿元，每股盈利0.09元，每股净资产为2.07元。2022年6月底，该股总市值为17亿元左右，每股股价为8.5元左右。

三变科技的基本面较差，2021年每股收益仅为0.09元。由于该公司属于典型的智能电网概念股，加上该股盘子较小，股价不高，因此，当智能电网概念被热炒时，该股很容易成为短线资金追涨的目标。

下面来看一下三变科技的股价走势情况，如图9-11所示。

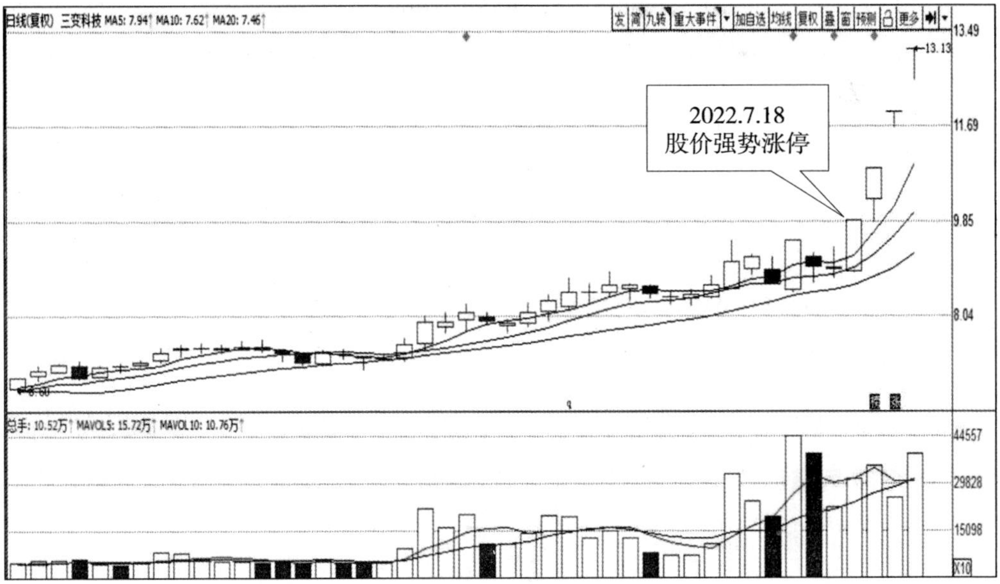

图9-11　三变科技（002112）日K线走势图

2022年7月1日，国家能源局召开了6月份全国可再生能源开发建设形势分析视频会。会议要求加快推进重大水电、抽水蓄能和大型风电光伏基地等可再生能源重大工程、重大项目建设，全力推进前期工作，尽早开工，尽快投产。各大型央企要进一步加大可再生能源项目开发建设，从供给、消费两侧，切实推动可再生能源更好、更快地发展。

智能化、数字化配电网建设也是未来发展的重点方向，这在一定程度上引爆了智能电网概念。进入7月份后，智能电网概念股频频登上涨停板。三变科技作为智能电网概念的龙头股，自7月18日开始就连续拉出涨停板。

三、工业大麻——莱茵生物

工业大麻是指四氢大麻酚含量低于0.3%的大麻。工业大麻是不具备毒品利用价值的，从工业大麻提取出的原材料可广泛用于医药、食品、纺织、建筑等领域。目前，从事大麻种植需要得到当地公安机关的审批，自2010年开始，云南、黑龙江、吉林等三地已经获批，可在当地农科院指导下进行工业大麻的合法研发、种植、加工以及销售。

工业大麻概念股包括莱茵生物、龙津药业、金鹰股份、顺灏股份、亚太药业、永吉股份、通化金马、德展健康等。

莱茵生物是全球植物提取行业的领军企业，其核心业务为天然健康产品业务和建筑业务。

2021年10月1日（美国东部时间9月30日），该公司在印第安纳州的工业大麻提取及应用工程建设项目正式建成投产并试运行，这标志着该公司正式进入了工业大麻领域。

莱茵生物的财务数据如下。

截至2021年年底，莱茵生物的总营收为10.53亿元，每股盈利0.21元，每股净资产为3.31元。2022年6月底，该股总市值为65亿元左右，每股股价为13元左右。

莱茵生物的基本面一般，2021年每股收益仅为0.21元。但由于该公司所具有的概念较多，又属于典型的工业大麻概念股，加上该股盘子较小，股价不高，因此，当工业大麻概念被热炒时，该股很容易成为短线资金追涨的目标。

下面来看一下莱茵生物的股价走势情况，如图9-12所示。

2022年3月20日，美国众议院计划对大麻机会再投资和豁免法案进行第二次投票，以使大麻在联邦层面合法化。受这一消息刺激，整个工业大麻概念股开始活跃，并掀起了一波涨停潮。作为工业大麻龙头股之一，莱茵生物受利好消息刺激，在6个交易日里收出4个涨停板。

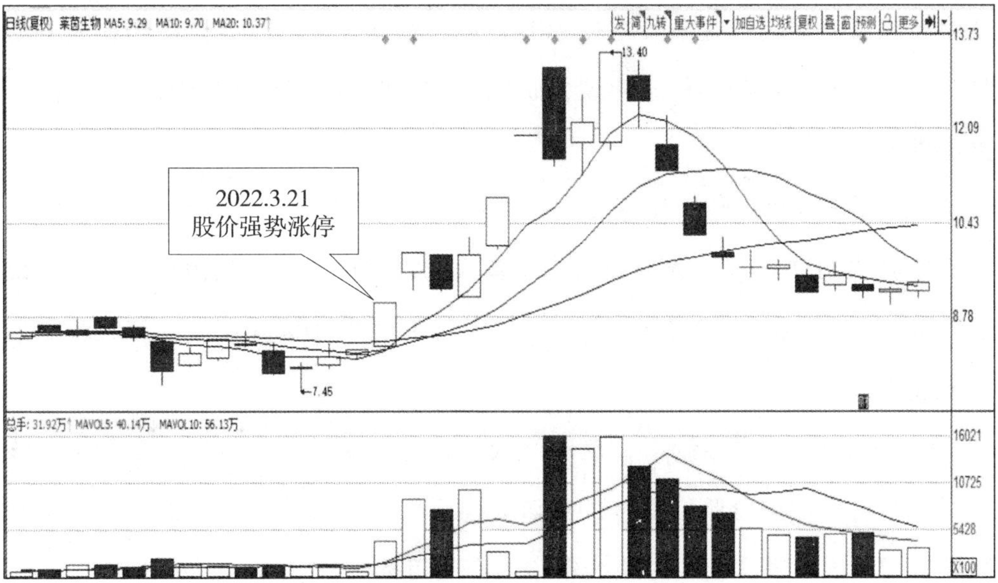

图9-12　莱茵生物（002166）日K线走势图

四、新型烟草（电子烟）——集友股份

2021年11月26日，国务院发布关于修改《中华人民共和国烟草专卖法实施条例》的决定。为加强电子烟等新型烟草制品监管，国务院决定将“电子烟等新型烟草制品参照本条例卷烟的有关规定执行”。此次条例修订确认了电子烟等新型烟草在国内可合法合规生产、销售的地位。

新型烟草制品可以分为3类：雾化电子烟、加热不燃烧烟草制品和无烟气烟草制品。目前，市场上被反复炒作的新型烟草概念还是以电子烟概念为主。

新型烟草（市场炒作时习惯称为“电子烟”）概念股包括集友股份、意华股份、唯科科技、维科技术、兴民智通、顺灏股份、王子新材等。

集友股份是国内较早的烟用接装纸专业生产厂商之一，其核心产品包括烟用接装纸、烟用封签纸及电化铝的研发、生产及销售。该公司与安徽中烟签订共建新型烟草制品框架协议，研究方向主要包括电子烟烟液、加热器、雾化器等。

集友股份的财务数据如下。

截至2021年年底，集友股份的总营收为7.04亿元，每股盈利0.37元，每股净资产为3.41元。2022年6月底，该股总市值为70亿元左右，每股股价为13元左右。

集友股份的基本面尚可，盘子不大，相对来说其股价并不算高。由于该公司具有电子烟概念股标签，加上该股盘子较小，股价不高。当电子烟概念被热炒时，该股很容易成为短线资金追涨的目标。

下面来看一下集友股份的股价走势情况，如图9–13所示。

2021年11月中旬，与电子烟有关的利好消息接连出现，电子烟概念股成为当时的炒作热门。A股市场上的电子烟概念股掀起了一波炒作热潮，集友

股份更是自2021年11月11日就开始了上攻之路。在这波上升走势中，集友股份曾三度拉出涨停板，强势尽显。

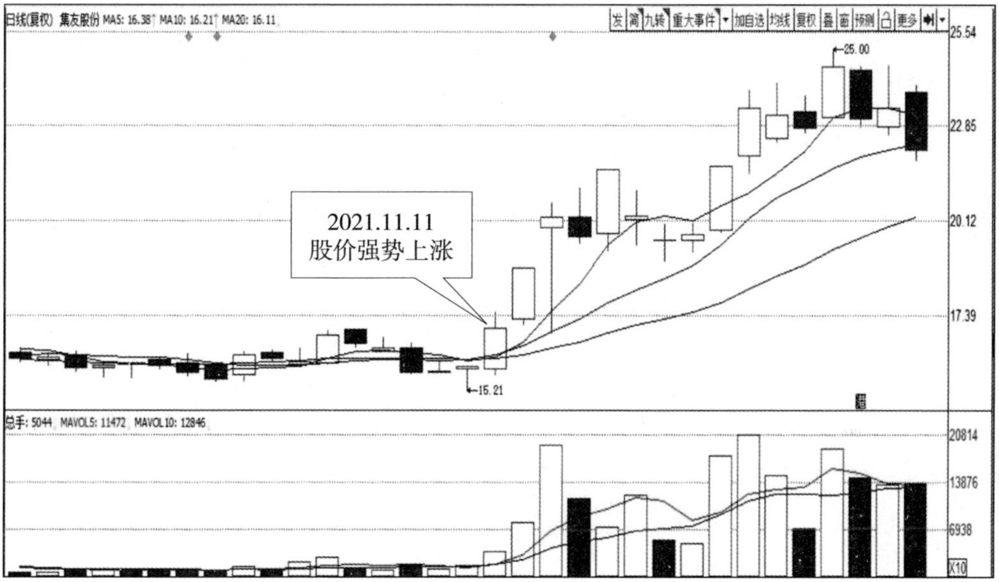

图9-13　集友股份（603429）日K线走势图